高效率理財術
教你存滿1000萬

余家榮（效率理財王）◎著

Lesson1
理財入門》用3桶預備金圓夢

Lesson2
資產增值》獲利滾入放大報酬

Lesson3
指數化投資》穩定複製市場報酬

Lesson4
保險規畫》用小錢買到高保障

一學就上手　千萬帶著走

　　由於金融業 20 年的背景，因此理財書我看得多了。大部分的作者為了展現個人的程度，都會把金融商品寫得極其複雜，在我們拿起書本佩服作者的專業如同仙界神人般的同時，放下書本後，我們仍然回到凡間，繼續扮演不懂投資的平民。

　　然而，本書讓人驚訝的是，我竟然打開書本後，一口氣就讀到了最後一頁。作者利用極其流暢的筆調、深入淺出的觀念，做到了「翻譯專業」。這兩年，我在企業進行顧問和訓練時，不斷強調「翻譯專業」，意思是「用兩三句話，講一個人 1 年才能聽懂的觀念。」作者的 3 個觀念，帶出了千萬的契機。

　　第 1 個觀念是「存款＋保險＋投資＝正面資產」。投資

商品千百種，作者不喜歡花這麼多心思和時間，他只強調投資人最需要的 3 種核心。

　　誰不會存錢，問題是存錢的觀念是否正確？一個人所有的收入，通常會先拿來消費，用剩的才拿來儲蓄。作者很清楚告訴你，你所得到的收入，應該先列出儲蓄的金額，剩下的再拿來花費。

　　「收入＝儲蓄＋花費」，這樣的觀念簡單易懂。作者更進一步地説，儲蓄要包括存款與投資，投資是為了要追求總資產的成長。

收入＝儲蓄＋花費
儲蓄＝存款＋投資
收入＝存錢＋投資＋花費

　　存錢沒太大問題，重點來了，你知道什麼是投資嗎？作者對於「投資」的定義是：投入本金、將來有機會回收本金，而且有增值的可能。有沒有發現？真正的投資不限於金融商品。你可以投資金融商品，更可以投資自己。最值

得投資的商品,永遠是自己。因為任何的商品都有賺有賠,投資自己穩賺不賠。

　　作者今年相當年輕(自稱虛歲 40 歲),在證券業工作 15 年,我認識他的時候,就是在我的課堂上。我很訝異一個年輕人,竟然願意從花蓮不辭辛勞的搭火車到台北學習,當天再搭回花蓮,只為了自我充實,不斷地吸收新知。作者 8 年來成立部落格,寫了將近 300 篇的理財文章,不知造福了多少的家庭和粉絲。

　　第 2 個觀念就是「指數化投資」。對於想投資股匯市的人來說,最大的困擾是「沒有時間」,以及「不知道如何選擇金融商品」?作者很聰明的告訴大家自己的經驗,那就是「指數化投資」。

　　作者舉了許多實際的例子,從股神巴菲特(Warren Buffett)的角度出發,讓大家知道指數型基金的威力。他甚至舉了很多表格化的案例,拿「存款」和「指數型基金」來做比較,讓大家一目了然(表格做得相當清楚,再看不懂,就建議真的苦幹實幹就好)。

第 3 個觀念是「純保險」。有別於許多人喜歡的儲蓄型保險，作者開宗明義就提到「保險就是保險」、「儲蓄就是儲蓄」，一句話就點出了許多購買「儲蓄型保險」的迷思。

我喜歡作者所說的，想要大家釐清「該保什麼樣的保險」？答案是：1. 只保自己「付不出來的」、2. 先保大、再保小、3. 只買純保險。

作者對於定期壽險、失能險、重大傷病險與癌症險，這些一般人容易搞混的險種，也用了許多案例來做説明（很佛心的做了整理，年輕人終究是年輕人，有更多的熱情）。

我相信你跟我一樣，看完這本書的感覺是，作者真的很認真，也很有心，將第一本書寫得淋漓盡致。作者還在許多章節的後面，設計了一些表格，讓不想動腦的我，直接填寫就可以看出自己的狀況。

在企業上課的過程中，我期許學員們能夠「聽到、聽懂、聽進去、回去會用」。我相信這本書也能做到「看到、看完、看進去、回去會用」。

寫一本書或許不困難，要寫得很有誠意就非常不容易了！李河泉老師誠摯的向你推薦這本很有誠意的書，《高效率理財術　教你存滿 1000 萬》，祝福大家早日存千萬。

華人知名企業講師
世新大學口語傳播學系兼任副教授

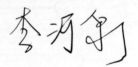

我所經歷的家庭理財革命

「哥,你大學念保險系,幫我看看這些保單是什麼呀?」2010年,妹妹結婚前幾個月的某天,抱了一疊保單來問我,她說是媽媽剛拿給她的結婚禮物,還說我也有一疊在媽那邊(當時我還未婚)。

沒看不知道,一看不得了,有好幾份「滿期還本儲蓄險」。隔天下班後,我趕緊到書店挑了幾本理財書來惡補,甚至還到臺灣銀行的網站收集資料,比對父母繳費當時的定存利率。我赫然發現,父母當年投保時,銀行的定存利率高達6% ～ 7%,他們卻選擇把錢放在儲蓄險,而父母信仰多年「活愈久領愈多」的儲蓄險,所提供的實際利率,竟然連「定存」還不如!

我將結論告訴妹妹:「保障型的純保險留著,儲蓄險、

還本型保險都不要再繳錢，辦理減額繳清或解約，將解約金放定存與單純投資，成果會更好。」

我們兄妹倆一起帶著資料去跟媽媽解說，沒想到平時溫和的媽媽突然大發雷霆說：「很多子女都沒有父母幫他們買保險，我跟爸爸幫你們一人買了好幾份，你們還不懂得珍惜？不想要的話，那就算了！」我把對照表與保單留在梳妝台，跟妹妹默默地退出母親大人的房間。接下來的幾個月，我們都不敢再提此事。

直到隔年的某天，媽媽突然問我：「兒子呀，你哪天下午有空，可以請個假陪我去保險公司嗎？我想說把一些保單減額繳清或解約，然後解約金就照你說的去做吧。」

經過 1 年的沉澱，母親大人的理智勝出，我們家的理財改革開始了。其實，想要保障？只要持有保障型的純保險就可以了；想要存錢？就把錢放活存或定存；想要增值？只要單純地自己投資。

這是在我已知的範圍內，最有效率的理財法，我們家也

因此獲得滿意的報酬與安心的生活。我想，一定有其他人也面臨類似的狀況，因此，在 2011 年時，我決定創立部落格——效率理財王，來分享「跨領域」的理財觀。

寫了幾年部落格後，我還開設了理財課程，進一步與粉絲們面對面交流。不過，我總覺得，僅透過網路與課程傳遞知識的效果有限，因此，我決定提筆，撰寫一本基礎的理財書籍，希望可以提供更完整、更有系統的答案，以幫助更多在理財上的迷途者。

本書能夠順利出版，要感謝家人的支持、貴人的相助與專家的協助。首先要感謝我親愛的老婆陳品云，她是第一個建議我出書的人，有她的鼓勵，我這個素人部落客才敢懷抱如此巨大的目標。另外，我還要謝謝父母與妹妹的支持，因為撰寫書稿的這半年，假日期間都得被迫減少與他們相處的時間，感謝他們的體諒。

除了家人之外，我還要謝謝一路相助的幾位貴人：「商周財富網」是第一個轉載我文章的媒體，非常感激當時的編輯楊乃甄小姐的賞識，她是我的第一個貴人。透過楊小

姐，我才有機會結識 Smart 智富資深編輯連宜玫小姐、林欣慧小姐，然後認識了本書的企畫黃嫈琪小姐。沒有以上幾位貴人，就沒有今天這本書，在此一併致上我最誠心的謝意。尤其要感激黃嫈琪小姐對於出書流程的引導，以及對我交稿（拖稿）的諸多包容。當然還要謝謝提供我諮詢的各領域專家：好友許晉譯醫師、專業銀行員黃玉珍小姐、周宜嫻小姐、汪漢昇先生。

本書是寫給所有擔憂年金改革的上班族、退休族，還有每年繳幾十萬元以上保費的保險族。公務員被砍退休金、勞工的勞保年金恐於 2026 年破產，怎麼辦呢？唯一的辦法，就是設法透過理財，讓自己能夠在退休前存到夠用的退休金。

但是，我發現，很多人剛開始接觸理財時，就像是站在點餐櫃台前的饕客，保守的人就選擇 1 號餐「還本儲蓄險」；積極的人就選擇 2 號餐「策略投資」（選股與進出場策略），其實兩者都只是「偏食」的其中一種。

希望本書能讓所有迷惘的讀者知道，理財還有其他更有

效率的方法，你可以選擇 3 號餐「純儲蓄」、4 號餐「純保險」、5 號餐「指數化投資」，甚至還能全部都點。同時使用、各取優點。期待我的家庭理財革命可以給各位讀者借鑑，在理財路上少走一段冤枉路。

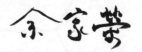

理財愈單純愈好

這是一本「只要 39 天、人人都能學會，而且一生受用」的緩慢致富理財指南，讀者只要遵照以下的使用說明：

本書從前言到結語共有 39 篇文章，建議讀者每天看 1 篇就好，以免貪多嚼不爛，以這樣的速度，大約只要一個半月就能看完。

本書最大的特點就是：實用。因為在講解完原理（原則）之後，部分章節還附有「隨堂練習」，以方便讀者依照自己適合的狀況實際運用，讓你學完馬上就用得到！

讓理財新手既期待又怕受傷害的「投資」，本書也提供了一個風險有限、獲利穩定的解決方案，那就是不必看盤，不用特殊的「盤感」預測買賣點，也不需複雜的選股技巧，

只要具備國小的數學程度、會加減乘除，每人都可以學會使用「指數化投資」，一步步打造自己的退休金，以達到緩慢致富的長期目標。

無論你是 20 歲到 65 歲的上班族，或 65 歲到 100 歲的退休族都適用。從進入職場領到第一份薪水後要如何理財？存款要放活存還是定存？保險怎麼買？投資怎麼配置？到退休後想把資產轉移給下一代，如何合法節稅？本書全都會提到。

股神巴菲特（Warren Buffett）表示，他 19 歲時讀到班傑明‧葛拉漢（Benjamin Graham）的著作《智慧型股票投資人》，是他一生中最幸運的時刻之一，因為書中的觀念開啟了他往後 70 年的巨大投資成就。

對我而言，讀到劉鳳和先生的著作《平民保險王》與綠角先生的著作《綠角的基金 8 堂課》，也是我一生中最幸運的時刻之一（僅次於我出生，以及跟太太結婚）。因為我從他們的著作中，認識到「純保險」與「指數化投資」這兩種對金融消費者有利的商品。

劉鳳和先生與綠角先生這兩位巨人，帶我走進一個更寬廣的理財世界——不買終身還本型、儲蓄型的保險，只買保障型的純保險；不必選股、不必猜測進出場點位，只要單純投資市場指數，每年就能勝過 90% 的主動式基金！

善用「純保險」和「指數化投資」這兩種商品，加上我自己的理財經驗，還有 8 年來透過部落格與課程，網友、親友們所實際面臨的各種問題，都整合在這本著作當中。

本書內容將以「應備存款」、「指數化投資」與「純保險」3 大核心知識為主，搭配「複利投資」、「房地產」與「合法節稅轉移資產」3 大輔助知識，全部 6 堂課，建立起上班族必備的理財觀念。

其實，每個人只需要用年收入的一小部分買足應備的純保險，例如：30 歲的上班族，只要年繳 2 萬元～ 3 萬元的保費，就可以擁有 1,000 萬元的高額保障，讓你安心地打拼事業，而且不會成為保險奴，還能運用更多的預算，出國旅行或享受美食，以維持一定的生活品質。就像我一個普通的上班族，在結婚 6 年內陸續完成馬爾地夫度蜜月、

杜拜住帆船酒店、冰島雪地自駕。這 3 趟夢幻之旅的旅遊基金是如何準備的呢？我會在第 1 課教你。

另外，無論是公務員或企業勞工，大家都擔心退休金的問題。其實，投資人只要從每個月的薪水中拿出一部分，買進「指數化投資」的工具，一點一滴布局，就能持有整個台股，乃至於全球股市。不必白費力氣猜測個股的高低點，就能讓自己的「退休金水庫」隨時間的累積而增值。

不過，「指數化投資」真的有那麼可靠嗎？如果我告訴你，巴菲特曾經以 100 萬美元為賭注，打賭「指數化投資」的 10 年績效將勝過避險基金，最後還贏走賭金；他還指示信託機構，要將 90% 的現金遺產投入「指數化投資」，你是否也願意了解一下股神如此推崇的投資方法呢？

如果一般的上班族在 45 歲前開始執行指數化投資，到 65 歲法定退休年齡時，要累積到至少 1,000 萬元的資產並不困難（更早開始的人，資產可能會高達 2,000 萬元）。擁有屬於自己的、領不完的退休金，就不必再擔心政府的年金改革，那將會讓你感到無比安心。

講到這邊或許有人會酸我:「那你(作者)擁有幾千萬元?」我今年虛歲40歲,資產確實還沒有達到1,000萬元;但是我相信,依照這樣的節奏,將工作所得運用在「指數化投資」,等我年滿65歲時肯定沒問題,而實際的規畫方法,在本書的第2課與第3課會有詳細的解說。

「投資有風險喔!儲蓄險有保證,比較穩啦!」你的保險業務員很可能如此跟你說。但是,你知道你繳的儲蓄險保費,保險公司都拿去做什麼嗎?在扣除必要開銷後,它們會拿去買「股票」與「房地產」。其實,用「保險浮存金」投資股票,連巴菲特也是這麼做喔。是的,你沒看錯,巴菲特除了是股神,同時也是保險公司的老闆,這究竟是怎麼回事呢?本書的第4課會帶你一探究竟。

你至今跟家人一起住過幾間房子呢?根據統計,台灣民眾一生平均會換屋1次到2次。其實,房子夠住就好,不必買太大,以免支付不必要的總價,因為你的人生不是只要繳房貸呀。因此,本書的第5課將介紹,如何依據家庭成員的人口數,先買小屋再換大屋,讓資金的運用更有效率。

　　而節省下來的購屋差額，可能高達幾百萬元，可以有很多種用途，例如：夫妻每年出國 1～2 次，並且持續 20 年，讓心靈與視野更豐富。台灣有兩種奴隸最多：屋奴與保險奴。希望看過本書的房貸族與保險族能夠擺脫枷鎖，成為金錢的主人。

　　如果依照本書的內容理財，70 歲後有可能累積到數千萬元的資產，到時該如何合法節稅以移轉給下一代呢？我在第 6 課還會概述贈與稅、遺產稅與遺囑。

　　華人社會一般都避諱談身後的遺產分配，有人覺得觸霉頭；有人覺得分家產等於整個「家」就要分裂了。其實，財產在生前不分配妥當，身後變成遺產將更容易造成子女們反目、手足變仇人！及早面對、及早規畫，可以避免這些憾事的發生。

　　總結一句話，本書的宗旨是「理財愈單純愈好」。讓保險歸保險、儲蓄歸儲蓄、投資歸投資，這樣才是最有效率。讀完本書，你就會知道答案。

理財入門》
用3桶預備金圓夢

旅費30萬元，存了3年，到杜拜圓夢！

有計畫、有方法的存錢，上班族也能完成夢幻旅行。

善用「存錢公式」 低薪族也能攢到錢

「你有存錢嗎？」

「我收入那麼少，都不夠用了，哪有多的錢可以存？」

談到存錢的話題，這是我最常聽到的回答。這樣的論點，似乎是說：「我存不到錢的原因是因為收入低，只要收入提高，我就能存到錢。」然而，真的是這樣嗎？我們來看看 4 個高收入明星的案例：

案例 1》凱吉不善理財，7 年散盡上億美元

尼可拉斯 · 凱吉（Nicolas Cage）是知名的好萊塢影星，曾經榮獲奧斯卡影帝，早年所拍攝的《空中監獄》、《變臉》、《國家寶藏》等電影作品，都相當賣座，電影片酬最高曾經達到 2,000 萬美元（約合新台幣 6 億 2,000 萬元）。不過，即使薪資如此之高，他仍舊落入財務危機中。

他在 2009 年～ 2010 年，分別被追討 625 萬美元的所得稅與 200 萬美元的銀行債務，名下房屋淪落至被拍賣的命運。

根據美國有線新聞台 CNBC 報導，雖然凱吉曾經是好萊塢的高收入明星，但是，他卻胡亂投資、任意花錢，除了四處購置房地產之外，更荒唐的是，還曾經砸下約合新台幣逾 800 萬元購買恐龍頭骨化石；沒想到那居然是贓物，最後只好歸還給蒙古政府。

報導也指出，凱吉的身家曾經達到 1 億 5,000 萬美元，卻在 7 年的時間內，揮霍掉將近 1 億 2,500 萬美元，沒能守住龐大的財產。

案例 2》強尼‧戴普揮霍成性，幾近敗光生涯收入

尼可拉斯‧凱吉不是演藝圈的特例，以《剪刀手愛德華》、《神鬼奇航》系列聞名國際的電影明星強尼‧戴普（Johnny Depp）也有類似的狀況。他的年收曾經高達 7,500 萬元（約合新台幣 23 億元），甚至還在 2012

年被《金氏世界紀錄》列為「最高薪的演員」。不過，在 2017 年時卻傳出，強尼‧戴普與財務管理公司 TMG（The Management Group）互相控告的新聞。

根據 2017 年 8 月 23 日中時電子報的報導：「好萊塢男星強尼‧戴普，被指揮霍無度、月花超過新台幣 6,000 萬元，但是強尼‧戴普反控是財務公司管理不善；如今他被爆出洛杉磯房產，5 間賣到只剩 1 間，疑似真的急需用錢。」

2018 年 6 月，美國《滾石》雜誌（Rolling Stone）更報導，強尼‧戴普過去拍攝電影所賺進的 6 億 5,000 萬美元的收入，幾乎已經花光殆盡。

案例 3》退役籃球員安東‧華克散財，淪為破產者

除了電影明星之外，高收入的運動明星也不乏面臨財務窘境。已退休的 NBA 籃球明星安東‧華克（Antoine Walker），曾經拿下 1996 年美國大學籃球賽（NCAA）總冠軍、2006 年 NBA 總冠軍，並且 3 度入選 NBA 全

明星賽，生涯收入約 1 億 800 萬美元（約合新台幣 33 億元）。不過，他卻在 2008 年離開了 NBA，並且在 2010 年時聲請破產。

根據 2015 年 8 月 24 日鉅亨網專欄〈鉅亨看世界：破產球星〉的內容，華克都把錢花在名車、珠寶與豪宅上，而且，由於出身貧困，因此華克希望家人與一干好友一起富有。他估計幫助了 30 人移往「更好的財務狀況」。他給很多人現金，也不求那些人還錢，「他們要什麼我就給什麼，我寵壞了他們。你不能這麼做。到最後，整個職業生涯我成了一台移動 ATM（自動櫃員機）。」

華克把破產的原因歸咎於對親友的金援，以及胡亂投資房地產；他在破產後拍攝了一部紀錄片《Gone In An Instant》，告誡年輕人不要步上他的後塵。

案例 4》NBA 球星伊古達拉將投資視為事業

我們再來看看另外一個截然不同的例子。目前效力於曼斐斯灰熊隊的 NBA 球員——安德烈・伊古達拉（Andre

Iguodala），是 2015 年總冠軍賽的 MVP（最有價值球員），生涯收入高達新台幣 36 億元；他跟上述 3 個人有不一樣的用錢模式。

伊古達拉在 2016 年接受 CNBC 採訪時曾說，「我確實有支有裂痕的手機，但是我不覺得需要買新的，我有備用的，我試著盡可能地存錢。」

伊古達拉不僅僅是把錢存下來而已，他在成為 NBA 球員之前，就開始投資股票，並且在 2013 年加入金州勇士隊時，將目光投向科技股，包括：臉書（Facebook）、推特（Twitter）、特斯拉（Tesla）等，之後更積極與矽谷投資界往來，甚至成為多家新創科技公司的股東。他認為，籃球員的職涯有限，因此，必須盡可能為人生開創另外一條道路。

上述幾位電影明星或運動明星，生涯收入都高達新台幣數十億元，可以說是名副其實的億萬富翁，但是，為什麼有些人會敗掉多數財產，有些人卻能善用高收入，累積更大的財富呢？

　　我認為，最大的區別在於：有人「被金錢支配」，成為金錢的奴隸；有人「支配金錢」，成為金錢的主人。由此可見，「高收入」並非存到錢的保證。

把消費與儲蓄順序對調，解決存不到錢的問題

　　我們換個角度來探討，無法存錢的原因。一般上班族領到薪水時，通常是這樣想的：「等付完帳單、買完想買的東西，月底的時候如果有剩下的，我就要存起來！」

　　然後呢？真的到了月底，戶頭餘額往往所剩無幾，結果就是存不到錢。這樣的人被稱為「月光族」：每個月把錢都花光光。

　　那麼，想要有效地存錢，應該要怎麼做呢？答案是：先儲蓄，剩下的錢再拿來花費。例如，上班族每個月領到薪水時，就先存 1 萬元或 5,000 元，甚至 3,000 元、1,000 元都好。總之，先把要儲蓄的錢存起來，剩下的才是可以花費的部分，這樣就能確保存得到錢了。而上述兩種狀況，還可以變成以下的「公式」：

收入－消費＝儲蓄 ✗（存不到錢）

收入－儲蓄＝消費 ✓（存得到錢）

　　只是把消費與儲蓄的「順序」對調：先存再花，就能簡單解決存不到錢的問題。如果你身邊有月光族的親友，歡迎跟他分享這個「存錢公式」。從 0 到 1 最困難，因此，一開始先要求有，不必求多。下次領薪水時請記得，至少先存 1,000 元，就可以立刻變身「脫光族」：脫離月光族。人生從此就會不同囉！

進場投資前 先存滿 3 桶預備金

　　沒有理財經驗的新手，剛開始理財時，通常都會很「急」。急著想投資，但是又不懂應該怎麼做，單純地只是急著想把錢丟進去，買股票、買基金、買房地產等。不過，錢丟進去之後，接下來呢？急著看股價漲跌、急著看淨值高低、急著看房市行情，什麼都急，深怕慢了一步，就會錯過行情，卻沒有事先想清楚：「這樣子是正確的理財『順序』嗎？」

　　事情通常是這樣開始的：在某個聚餐的場合，有朋友分享他投資股票的經驗，「上週五買進的股票，今天週一就賺了幾千元。」聽到這些是不是很羨慕？人家股市一天的獲利，是你一天工資的好幾倍。另外一位朋友也說，「半年前買的基金，現在賺了快 15%。」這些「成功事蹟」聽多了，原本沒投資的人，很難不受影響。然後，你就心動了，算算手頭有一筆錢，例如 10 萬元，就聽朋友的介紹，投進去買了某檔股票。

　　事情通常是這樣發展的：過了幾個月，不巧因為家人開刀，住院 5 天要花費「5 萬元」的醫療費，但是，由於手頭上的現金不夠，因此就想把之前買的股票，賣掉變現。

　　一查之後發現，現在賣掉股票會賠錢，因為目前的市值只剩下 8 萬元，也就是帳面虧損 2 萬元！賣掉的話，會馬上實現虧損，好捨不得呀！但是，如果不賣掉，家裡又急需要這筆錢。賣也不是，不賣也不是，該如何是好呢？

　　很多投資新手，常會因為急需現金，所以被迫將正在投資的部位（股票、基金等）賣掉變現，實現短期的虧損。而這個賣出的行為，等於是「離開」投資市場，也可能「錯過」將來股價上漲的機會。

　　由此可知，在投資之前，務必要先準備一筆儲蓄，避免遇到緊急事故，導致原本的長期投資計畫被迫中斷。

　　至於儲蓄的金額要多少呢？那就像是我們去旅行，首先要選定個目的地，例如：屏東墾丁、花蓮太魯閣、日本大阪、美國紐約；接著估算所需的火車票、機票、飯店等相關花費；

圖1-1 打造3桶預備金，單身族至少存40萬

投資前必須先存3桶預備金

第1桶預備金
自用醫療保險
預備金

每人20萬元，兩夫妻準備40萬元

第2桶預備金
緊急
預備金

3個月～1年的必要生活費，或者是至少20萬元

第3桶預備金
計畫花費
預備金

依據個人所要花費項目而有不同，有需要時才存

最後才能知道總共要準備多少預算。存錢也是一樣，需要具體的目標與數字，因此，我建議，預先儲蓄的項目可以分成 3 大類（詳見圖 1-1）：

第 1 桶預備金》自用醫療保險預備金

只要是身為台灣人民，就能享有全民健康保險（簡稱全民健保）的保障，但是，全民健保並不是替病患負擔全部

的費用，病患仍然得部分負擔一小部分。根據衛生福利部 2017 年所發布的資料顯示，國人平均「1 年」的門診與住院的醫療費用合計，部分負擔的金額大約 1,546 元（詳見知識補給站）。

再根據同一年度內政部統計處的資料指出，國人全體平均壽命為 80.39 歲。因此，我們可以試著粗估，每人「一生」的健保部分負擔費用約 12 萬 4,283 元（1,546 元 ×80.39 年）。

平均值是 12 萬 4,283 元，一定會有人比平均值高，也會有人比平均值低。因此，我取 20 萬元當成「自用醫療保險預備金」的目標金額。這筆錢要專款專用，門診看病或門診（住院）手術等費用，就從這桶預備金裡面「優先支付」。多數人一生的醫療費用，應該都足夠。

例如：上述住院 5 天花費 5 萬元的例子，假如他以 10 萬元買進股票前，就已經有存「自用醫療保險預備金」，就可以從 20 萬元裡面提領 5 萬來支付家人住院的費用，就不必認賠賣出股票。

知識補給站 **每人每年健保部分負擔費用為 1546 元**

健康保險局在核算醫療院所申請的醫療費用時,是以「健保費用點數」為單位。根據 2017 年度「全民健康保險統計」的資料顯示,當年度由病患自行支付的「部分負擔」點數共 405 億點。

將 405 億點除以當年度 12 月的人口數 2,357 萬 1,227 人,平均每人約 1,718 點。每 1 點的點值約 0.75 元～0.9 元(每年略有不同)。如果以 0.9 元計算,則平均每人的年度醫療負擔約 1,546 元(1,718 點 ×0.9 元)。

　　不過,提領之後,「自用醫療保險預備金」只剩下 15 萬元了,怎麼辦呢?很簡單,家人出院後每個月繼續從薪水提撥 5,000 元進去,直到再度存滿 20 萬元為止。

　　如果你有投保一般商業醫療保險,從投保到申請理賠時的運作流程是這樣的:每年繳幾萬元保費給保險公司→門診或住院時,先自己付帳→拿收據與醫師診斷證明,向保險公司申請理賠→保險公司開支票或匯款到保戶的帳戶,支付醫療保險金。

而「自用醫療保險預備金」的運作流程則為：每年存幾萬元的預備金到自己的銀行帳戶→門診或住院時，不必拿診斷證明，即可以直接從自己的「自用醫療保險預備金」中領出現金，支付相關醫療費用。

簡單來說，「自用醫療保險預備金」等於是「你自己開保險公司」，需要繳醫療費的時候，就能自己理賠給自己，解決「小額理賠」的問題，保險學的教科書中都有介紹相關的內容。

「萬一這 20 萬元用完了還不夠，該怎麼辦呢？」假設罹患癌症等重大傷病，需要高額的醫療費，普通上班族恐怕無法獨自負擔；因此，為了轉嫁高額的醫療風險，我們也可以同時透過商業保險來解決。

每人 20 萬，一家 3 口就要準備 60 萬

「自用醫療保險預備金」是以每人為單位，如果是夫妻倆共同準備，就應該準備 40 萬元；如果是一家 3 口，就要準備 60 萬元，依此類推。

「如果暫時無法存到足額的『自用醫療保險預備金』」，該如何是好？」別擔心，可以暫時先買「定期醫療險」來解決（相關內容詳見第 248 頁）。

第 2 桶預備金》緊急預備金

「緊急預備金」是一定要存的第 2 桶預備金，主要用途是：失業或無薪假時，支付家庭必要開銷，例如：房租（或房貸）、水電瓦斯費、手機費、伙食費、定期壽險與定期傷害險保費等，這些都是維持基本生活的必要開銷。

想想看，萬一你突然失業了，房租要不要付？水電瓦斯費、手機費，要不要繳？每天要不要吃飯？或者是，定期險的保費沒繳而失效了，又不巧發生意外導致失能，該怎麼辦？因此，「緊急預備金」是不可或缺的。

至於「緊急預備金」應該準備多少呢？有人建議 3 個月的生活費，有人建議 6 個月的生活費，其實沒有標準答案，要看每個人的職業特性。如果你的職業具備高度專業性，例如：醫師、律師或會計師等，離開職場後很容易就能找

到工作，可能只需要儲備 3 個月就足夠，其他沒那麼容易找到新工作的職業，就多準備一點吧！我建議，3 個月的生活費可以當成「基本目標」；如果行有餘力，可以把 1 年的生活費當成「理想目標」，以下將以 2 案例說明：

案例 1》單身族

小明為單身上班族，每個月房租 8,500 元、水電瓦斯費 2,000 元、手機費 1,000 元、基本伙食費 7,000 元、定期壽險與傷害險保費共 1,500 元，合計每個月 2 萬元。

小明要準備的「緊急預備金」，以 3 個月生活費計算，就是 6 萬元；以 1 年生活費計算則是 24 萬元。有了這筆「緊急預備金」，他即使失業了，也可以安心地尋找適合的新工作，不必擔心失業期間的生活費。

案例 2》小家庭

4 口之家，全家每個月需要支付房貸 3 萬元，車貸 1 萬元，保險費 1 萬元，日常開銷 5 萬元，合計每個月 10 萬元。這個家庭至少要準備 30 萬元的「緊急預備金」，如果以 1 年的生活費計算，緊急預備金就是 120 萬元。

　　2018 年 12 月 26 日，《工商時報》登出了一則新聞，標題是「聯邦員工放無薪假，賣家產付房貸」，以下是節錄部分內容：

　　「田納西州的泰勒‧法奇（Taylor Futch）夫婦表示，美國政府部分停擺已經加重他們的家庭壓力。他們一家 4 口只能依靠先生一份薪水，他在國家公園擔任野生生物學家。法奇夫婦有一筆 800 美元（約合新台幣 2 萬 4,000 元）的土地貸款要在 2019 年年初償還，還有房貸和車貸，以及日常支出。法奇太太說：『我們試著把一些值錢的東西拿出來，以便在需要時拿到臉書或 eBay 拍賣。』」

如果估算金額低於 20 萬，還是以 20 萬為標準

　　一般人看到這則新聞後的反應很可能是：這對夫婦好可憐，先生放無薪假，竟然要變賣家產來支付房貸。但是，我的第一個反應是：假如有準備「緊急預備金」，至少他們不會淪落到這樣的窘境。

　　每個家庭的開銷不盡相同，需要準備的金額，並沒有標

準答案。我建議，算出來的數字如果低於 20 萬元，還是以 20 萬元為目標。為什麼呢？除了失業之外，總有一些家庭修繕、汽車維修等突然要用錢的項目。有一筆 20 萬元在銀行帳戶裡，面對各種臨時開銷時，我們會比較安心。

由於這筆「緊急預備金」是以家庭為單位，因此家中有工作收入、負擔開銷的每一份子，都可以依照收入比率共同分攤。

第 3 桶預備金》計畫花費預備金

計畫花費指的是「未來 3 年內」打算要花用的錢，例如：2 年後要買房、1 年後要買車、半年後要換冰箱等。這些本來就打算要花的錢，都要放在銀行，當成「計畫花費預備金」，一樣是專款專用，不可以把買房買車的頭期款，拿去投資股票或基金等其他用途。

例如：手頭有 40 萬元，是 1 年後打算換新車的頭期款，想說暫時拿來投資股票，多賺點汽油錢。沒想到，1 年後要換車時，剛好遇到全球股災，原本的 40 萬元縮水變成

15 萬元；本來打算買四輪的，結果卻只能買兩輪的。

　為了避免這種慘劇發生，短期內（2 年～ 3 年）要用到的錢，請單純的放在銀行儲蓄就好。5 年、10 年後才要用到的錢，像是幫小朋友存大學的教育基金，才能拿去投資（相關內容詳見第 61 頁）。

　當然，如果 3 年內沒有數萬元以上的大額計畫花費，第 3 桶預備金可以不必準備，有需要時再存就好。

　綜合上述，理財的第一步就是存錢（儲蓄），先存好 2 桶或 3 桶預備金，每人至少 40 萬元的「應備存款」（依個人狀況不同），之後方能放心投資。這樣才是正確的理財順序。

銀行存款分「活期」與「定期」 存對類型利息賺更多

　　存錢或者儲蓄，就是單純把錢存在銀行，無論活存或定存，隨時提領出來，本金完全不會減少。銀行的存款類型主要分為兩類型：

類型 1》活期

　　隨時可以提領出來，因此利息比較低，通常在每年 6 月和 12 月配發利息，又分為活期存款、活期儲蓄存款，分別簡稱「活存」與「活儲」。

類型 2》定期

　　必須約定存款的期間，到期後領回本金，銀行才會配發約定好的利息，因此利息比較高，如果提前解約，利息就會打折。定期也分兩種：定期存款，定期儲蓄存款，前者簡稱「定存」；後者簡稱「定儲」。在台灣，銀行的規定通常是：定存最少 1 個月、最長 3 年；定儲最少 1 年、最長 3 年。

　　活期儲蓄存款、定期儲蓄存款，只要有加上「儲蓄」兩個字，是你我這種一般人（自然人）才可以存，法人（公司行號）不可以存，它們只能存活期存款與定期存款。

　　自然人沒有任何限制，任何存款種類都可以選；不過，在實務上，我們辦理存款時就會自動適用於「活儲」；另外，1 年以上的定期存款也會被視為「定儲」。

　　雖然銀行所定義的「定儲」與「定存」不同，但是，一般民眾已經習慣，一律將它們稱為「定存」，本書的用詞也會順應口語用法，將隨時可以提領的存款通稱為「活存」；將需要約定存款期間的存款通稱為「定存」。

提前解約不損失本金，頂多利息打 8 折

　　以臺灣銀行為例，活期儲蓄存款的年利率固定是 0.2%，代表存入 10 萬元的本金，1 年後約能領到 200 元（10 萬元 ×0.2%）的利息。不過，如果存的是 1 年期的定期儲蓄存款，年利率固定是 1.07%，同樣是存入 10 萬元的本金，1 年後約能領到 1,070 元（10 萬元 ×1.07%）的

利息，比活期儲蓄存款多出了 870 元（詳見表 1-1）！

前一篇文章有提到，每人最好都能利用銀行儲蓄，存到 2 桶預備金或 3 桶預備金、至少共 40 萬元，至於這筆錢應該放活存還是定存，現在你應該知道答案了吧？

如果你懶得將活存轉定存，看看表 1-1 就知道了，懶惰的代價有多大？ 40 萬元的本金，1 年的利息就差了 3,480 元！這筆金額足以吃一頓大餐，或者買張去日本的廉價航空單程機票。

其實現在辦理定存並不難，只要辦個網路銀行，不用出門，在家裡用電腦點幾下滑鼠，或用手機 App 操作一下，頂多 3 分鐘，就能把帳戶的活存轉成定存了。

如果定存還沒到期，但是突然需要用錢，勢必要將定存解約，這樣會損失本金或利息嗎？別擔心，本金的部分不會損失，利息會用「已存滿的存期」打 8 折計算。例如：本來定存 1 年，現在只存了 7 個月就中途解約，利息會怎麼計算呢？對照表 1-1 的數據，1 年期的定期儲蓄存款利

表1-1 10萬定儲1年，比活儲多出870元利息

銀行年利率與存款10萬元利息試算表

項目	年利率（%）	1年利息（元）	適用對象	
			自然人	法人
活期存款	0.080	80	○	○
活期儲蓄存款	0.200	200	○	X
定期存款1個月	0.600	600	○	○
定期存款3個月	0.630	630	○	○
定期存款6個月	0.795	795	○	○
定期存款9個月	0.910	910	○	○
定期存款1年	1.035	1,035	○	○
定期儲蓄存款1年	1.070	1,070	○	X

註：1.本表年利率為臺灣銀行 2019 年 7 月 4 日一般金額（低於 500 萬元）存款牌告固定利率；2.銀行實際是以月複利計息，為了易於理解，本表與本文敍述時皆採年複利計算
資料來源：臺灣銀行

率 1.07%，現在只存滿 6 個月但未滿 9 個月，因此，銀行會用 6 個月的利率（0.795%）打 8 折計算利息，也就是 0.636%。

現在問題來了，假如你只需要動用其中的 3 萬元，卻得把整筆 40 萬元都解約，沒用到的 37 萬元，利息還得一起被打折，豈不可惜嗎？很簡單，定存最低的門檻只需要

1 萬元，因此，40 萬元可以拆開來存。我的建議是：留 5 萬元在活存，臨時要用到小筆金額時，可以方便提領，其餘的部分都放在定存，並且拆成 4 筆：5 萬元、10 萬元、10 萬元、10 萬元（詳見表 1-2）。

這種做法的好處是，如果需要使用 5 萬元以內的錢，從「活存」領出來就好；如果需要使用 10 萬元以內的錢，就再解約第一筆的「5 萬元定存」；如果需要使用 20 萬元以內的錢，就再解約第 2 筆的「10 萬元定存」。如此一來，沒動用到的定存，可以繼續享受完整的利息，不會被打折。

既然 1 萬元就能存一筆定存，當然也可以把 40 萬元拆成 40 筆；但是，我個人不喜歡過於複雜，為了兼顧利息穩定與管理方便，才會建議大家拆成 1 筆活存與 4 筆定存。讀者可以依照自己的需求，分拆成適當的筆數。

不過，要特別注意的是，銀行櫃員或保險業務員都會推銷的「儲蓄險」，並不等於「儲蓄」喔！儲蓄險號稱「利率比定存高一點」、「放 6 年～ 7 年就好」，卻沒有告訴你「中途解約會損失本金」。

表1-2 **將應備存款40萬拆成「1活存＋4定存」**
活存、定存配置建議

存款類型	金額
活存	5萬元
定存	5萬元
定存	10萬元
定存	10萬元
定存	10萬元
總計	40萬元

　　事實上，在我國《保險法》中，並沒有「儲蓄險」這個名詞。儲蓄險的正式名稱叫「生死合險」，是結合「生存險與死亡險」的保單：活著也有理賠，死了也有理賠，不論死活都有賠，講到這裡，完全跟儲蓄無關，不是嗎？

　　保險就是保險、儲蓄就是儲蓄，保險絕對不等於儲蓄，本書第 4 課會再詳細說明。總之，讀者只需要記得：單純放銀行、任何時候解約，本金完全不會損失的，才是真正的儲蓄。

擬定「333 理財法」 兼顧存錢、投資與生活品質

　　每天的時間你都怎麼分配？有個方法叫「三八制」，就是把 1 天分成 3 等分：工作 8 小時、休閒 8 小時、睡眠 8 小時。如果工作時間增加到 10 小時，休閒與睡眠的時間就會被壓縮；相對地，想睡滿 9 小時，就必須減少休閒或工作的時數。如何安排沒有標準答案，就看個人取捨。

參考時間配置方式，將每月收入分成 3 份運用

　　每個月的工作收入，你都怎麼分配？其實可以參考一天 24 小時的配置，共分成 3 種用途：存錢、投資與花費。比如說，月收入 3 萬元的人，可以選擇均衡分配，也就是各分配 1 萬元；如果花費比較高，就把存錢與投資的金額降低（詳見表 1-3）。

　　將月收入分成 3 份的分配方式，我們稱為「333 理財法」：每一筆收入都分成 3 份，可以平均分配，也可以某

表1-3 月收入可均衡分配或按個人需求分配

月收入3萬元的分配方式舉例

用途	均衡分配	依照需求分配
存錢	1萬元	5,000元
投資	1萬元	5,000元
花費	1萬元	2萬元

月收入5萬元的分配方式舉例

用途	均衡分配	依照需求分配
存錢	1萬7,000元	1萬元
投資	1萬7,000元	1萬元
花費	1萬6,000元	3萬元

一項偏高,分配方式同樣沒有正確答案。收入就是那麼多,某一項的占比多,另外兩項就減少,就看自己怎麼衡量。而 3 種用途分別是:

項目 1》存錢

「存錢」是指單純地把錢放在銀行的活存或定存,也就是存到「3 桶預備金」。簡單複習一下,這 3 桶預備金,如果是單身族,每人至少要存 40 萬元;如果以家庭為單位,則要視家庭花費自行估算適合的金額。

項目 2》投資

「投資」是泛指任何「投入本金後，將來有機會回收本金，而且有增值可能」的投資工具。例如：股票、基金、買房（繳房貸）、買書、參加課程、進修（將來有機會升職加薪）、投資型保單的保費等，都算是廣義的投資。

假設月收入 5 萬元，採用均衡分配，每個月投資的預算為 1 萬 7,000 元，那麼，上述各種投資項目的投資金額，就要控制在這個額度以內。房貸繳得多了，買股票或基金的錢就少了；保費繳得多了，勢必得減少買房或進修的預算。同類別的不同項目，也會互相排擠，要自行取捨。

項目 3》花費

「花費」就是單純花掉，無法回收的。例如：伙食費、水電瓦斯費、手機費、買衣服、買鞋、買包、房租、旅遊，還有純保障型的保險（定期壽險、定期傷害險、定期醫療險等），都算是花費。

以上三者當中，「投資」與「花費」有時候很容易混淆；其實，只要問兩個問題，通常就能得到解答：「有機會拿

回本金嗎？」「有機會賺到報酬嗎？」如果兩者皆符合，就是投資；否則就是屬於花費。

例如：繳幾十萬元的學費，多念一個學位，是花費嗎？不一定。如果拿到文憑可以幫你加薪，幾年後增加的薪水能超過之前所繳的學費，那麼學費就是投資，而不是花費。

而房貸與房租，前者繳完，房子有機會拿回本金，也有機會增值，就算投資。房租則是付掉就沒了，沒有機會拿回本金與增值，因此算是花費。

難道因為沒有機會增值，所以就不要租房，而只能選擇買房嗎？也不能這麼說。因為買房要先支付幾百萬元的頭期款，租房則不必。關於買房或租房的問題，我們在第 5 課會詳細說明。

假如已經存夠「3 桶預備金」的人，是否每個月的收入就不必再存起來，把原本歸類在存錢的預算分配到「花費」呢？當然不行，應該是分配到「投資」才是正確的做法（詳見表 1-4）。

　　為什麼呢？因為原本的花費金額已經足夠維持生活水準，多出來的錢就要另外安排。雖然花更多錢的當下會讓人覺得很過癮，但是，這樣只是短期的快樂；多餘的預算拿去投資，才有機會讓錢「長大」，未來才能享受到更長遠的快樂。我們不可短視近利，眼光要放長遠。

如果想增加金錢，「節流」比「開源」更重要

　　如果想要增加金錢，不外乎「開源」或「節流」。假如資產增加的同時，錢也一直流出，就像是洗臉台上的水龍頭持續注水，但是排水孔沒有堵住，水會不斷地流掉，永遠裝不滿。因此，我個人認為，學會開源前，要先學會節流。

　　在了解節流前，我們必須先釐清什麼是「需要」、什麼是「想要」？例如：肚子餓了，可以吃一個 70 元的便當，也可以吃一客 1,300 元的牛排大餐，兩者都能填飽肚子，但是金額差太大。前者算是需要；後者算是想要。

　　有些人每年都要穿最新款的流行服飾、拿最新款的手機，一直換、一直換，這是「想要」還是「需要」？仔細想想，

表1-4 可依需求調整比重，多餘資金優先投資

已經存滿3桶預備金，月收入3萬元的分配方式

用途	以投資為重	以花費為重
投資	2萬元	1萬元
花費	1萬元	2萬元

已經存滿3桶預備金，月收入5萬元的分配方式

用途	以投資為重	以花費為重
投資	3萬4,000元	2萬元
花費	1萬6,000元	3萬元

我們想要的很多，但是真正需要的，其實沒有那麼多。

經濟學課本通常都會寫到：「資源有限，人類的欲望無窮。」我並非要大家縮衣節食，讓店家都沒有生意做，而是，有需要買衣服，就去買；有需要換手機，就去換，但是，如果我們能避開過多的「想要」，就能替未來創造更多的財富。那麼，應該如何區分「需要」跟「想要」呢？

需要：沒有它，便無法過生活，就屬於需要。例如：飲水、食物、衛生紙、保暖衣物等生活必需品。

想要：沒有它，並不會影響生活，就屬於想要。例如：千元牛排大餐、萬元名牌手機等奢侈性消費。

我們可以學習電影《哈利波特》裡，新生入學要戴的「分類帽」，試著在每次消費前，問問自己心中的分類帽：「我真的需要這個嗎？」「沒有買會不會影響我的生活？」如果其中一個答案是「否」，這筆消費就應該分到「想要」的那一類。一開始難免會不習慣，但是熟能生巧，多練習幾次之後，將來消費時的辨識度就會大幅提高。

學會「省錢 123」，輕鬆控管生活花費

關於花費，我再分享一個「省錢 123」的技巧，對於節流也有幫助。詳細說明如下：

技巧 1》一進一出

每買一樣新的東西進來，就要丟掉一樣舊的東西。例如：買了一雙新鞋子，就丟掉一雙舊鞋子；買了一件新衣服，就丟掉一件舊衣服；買了一個新的微波爐，就丟掉一個舊的微波爐。

很多人都有從來沒穿過，或是只穿過 1、2 次的衣服、鞋子、包包，以及各式各樣的生活用品。捨不得丟？那就別買新的。倘若買一個新的，就必須貫徹丟掉一個舊的，這樣不但能有效節省居家的收納空間，也能節制消費。

雙北市精華區的土地，寸土寸金，你住的房子可能每坪要價數十萬元，甚至上百萬元，如果用這招清理出 1 坪或半坪的空間，不就等於賺到幾十萬元的使用面積嗎？

技巧 2》兩件單品

這是多年前我看電視節目學到的。某位來賓分享穿搭哲學：他看到一件單品，例如衣服或鞋子，就會先想想，「家中有沒有 2 件以上的單品可以跟它搭配？」如果有，再買；如果沒有，就不買。

為什麼呢？因為假如沒有其他單品搭配，你為了這件衣服，可能要另外多買新的裙子或褲子來跟它搭配，本來只打算買 1 件，最後因此買了 2 件、3 件，就會愈花愈多。

想想挺有道理的，於是我也認真採用了這個方法。之後

我逛街，無論是買牛仔褲、休閒褲、襯衫、T恤、休閒鞋等，大多以容易互相搭配為原則，確實省下了不少治裝費。此外，不只個人服飾適用，舉凡客廳、臥室等居家布置，也可以參考這個方法。

技巧 3》三大開銷

有些人想要節流，會從每天、每週的小錢開始省起，其實這樣的效果有限，應該先養成記帳的習慣，完整記完 1 年的帳之後，再把家庭年度開銷由大至小排序，最後從「年度最大的 3 筆開銷」開始節省，這樣效果才會顯著。

假設「電費」是年度花費的前 3 名，你可以查看家中的電器是否過於耗電，是否需要汰換？就像汽車製造技術的提升，20 年前的車子就比現在的新車還耗油。電器產品也是一樣，能源效率愈來愈進步，老舊電器耗電量高，新款的節能電器耗電量低。現在的冷氣、冰箱等，耐用年限也都是 10 年左右，倘若預算許可，汰換掉超過 10 年的老舊電器，下一期的帳單就能看到節電的成果。

假設「外食費」是年度花費的前 3 名，建議可以減少假

日外食的次數，改去超市買菜回家自己煮，家人一起採購、一起備料、一起烹煮，可以營造共同的回憶與樂趣，既省錢又賺到健康。

關於在家自己煮，還可以記得兩招：「冰箱只放 3 天份的食材」、「每次盡量煮一餐夠吃的量」，這樣可以保持食材新鮮又不浪費。多數家庭應該都曾經從冰箱清出過期的食材，或吃剩冰回去卻放到爛的食物。這些丟掉的不只是食物，其實也是錢。畢竟，冰箱內的每樣東西，都是用新台幣去買來的，而且冰箱不放滿，也能有省電的功效。

我曾經看過一位法國米其林餐廳的大廚說，不要把家裡冰箱當成儲藏室，它應該只是暫時保存當天要煮的新鮮食物。確實如此，尤其台灣地狹人稠，無論上超市或傳統市場都算方便，不必把冰箱塞得滿滿滿。

考量多數上班族的時間有限，天天採買難度高，我認為 3 天買 1 次，應該算適當的折衷方案。以我自己為例，因為家中有開伙，所以我跟太太固定每週去超市兩次：週六或週日，還有週二或週三。

另外，假如發現「保險費」是年度花費的前 3 名，或許可以考慮添購「定期型」保險來取代「終身型」保險，保障額度不變，每年保費有機會節省 70% 以上（相關內容詳見第 189 頁）！

至於「房租」想必是許多租屋族開銷最大的花費，不妨試試徹底「斷捨離」的居家空間。例如：儲藏室擺滿穿不到的衣服、用不到的舊玩具、不會再看的書報雜誌，就可以下定決心把這些用不到的東西清理掉，說不定本來租 3 房的公寓，可以改租小坪數的兩房公寓；如果每月節省 2,500 元的房租，每年就能節省 3 萬元了。

學會「紅包袋理財法」落實專款專用

看了上一篇的內容之後，可能有讀者會有疑問，「我月收入 3 萬元，如果每個月只能花費 1 萬元，可是 1 支 iPhone 就要 4 萬元，我不就永遠都不能買了嗎？」

如果你有這個想法，那真是誤會了，其實還是可以買喔！還記得「3 桶預備金」嗎？第 3 桶預備金就是要存「計畫花費」，只要每個月撥出一小筆資金存起來，例如 4,000 元，只要存滿 10 個月，就有 1 支新 iPhone 囉！

臚列「想要清單」，有計畫性滿足「想要」欲望

將你想要的東西列進「想要清單」中，並且秉持「先儲蓄，再消費」。這是有計畫的「分期存款」，雖然跟「先消費，後還債」的分期付款感覺很類似，但是，本質上完全不同！前者是準備好了才去買、後者是根本沒準備，先買再說，這樣等於是在透支未來。

　　許多人小時候，都曾經養過豬公撲滿吧？記得我念幼稚園之前，爸媽就送我一個大豬公撲滿，他們每天晚上都會把口袋裡的銅板取出，叫我投進去。一開始我什麼也不懂，只是聽著零錢叮叮咚咚的聲音，覺得很新鮮、很好玩。

　　隨著日子一天天過去，豬公愈養愈重，有一天爸爸說，可以把裡面的錢取出來，去買《科學小飛俠》的玩具，那時我才知道，原來存撲滿可以買玩具，真是太棒了！當時激動的心情與成就感，實在難以用言語形容。長大後，我偶爾回想起來，仍然覺得非常有趣，那是我人生記憶中，第一次學會理財。

　　進入職場之後，公司都會用紅包袋發獎金。由於紅包袋上印有獎項與名字，無法再包出去，因此我就暫時都收到抽屜裡。累積一小疊紅包袋之後，有一天我突發奇想：「何不把紅包袋當成一個一個的『紙鈔撲滿』呢？」

　　當時我想買一個要價 3 萬元的基本款名牌包，當作母親節禮物，每個月發薪水當天，我就存 3,000 元到其中一個紅包袋中，並且寫上每次存入的金額與日期，10 個月後我

便存滿 3 萬元，可以買禮物送媽媽了。這跟小時候存豬公撲滿，慢慢存、慢慢存，等存夠錢了，就可以買玩具是一樣的概念。

買名牌包送媽媽是我「紅包袋理財法」的開端，從此之後，有什麼「想要」的東西，只要金額超過 1 萬元，我就寫在一個紅包袋上，然後每個月領薪水當天就存入幾千元，並且在紅包袋上寫上日期與金額。

例如：每個月存 2,000 元，1 年後存了 2 萬 4,000 元，就可以出國旅遊，例如：去日本自由行 5 天 4 夜。有人喜歡買名牌包、有人喜歡買名錶，而我也靠「紅包袋理財法」，與老婆完成了 3 趟夢幻之旅。

夢幻之旅 1》馬爾地夫度蜜月

我結婚度蜜月是去馬爾地夫旅遊，一晚要價新台幣 4 萬 5,000 元的水上屋，我們一共住了 4 個晚上。搭乘水上飛機，從空中鳥瞰有「印度洋上的白色珍珠」之稱的珊瑚礁群島，湛藍的天空、純淨的海水、溫暖的空氣……。當時的美景，至今還深深烙印在我腦海。

早上醒來，螃蟹正爬在我們房間專屬游泳池畔的躺椅上。如果你覺得游泳池太小，旁邊的樓梯下去就是溫暖的海水，那裡也可以直接游泳。淋浴時，腳底下的透明地板，可以看到熱帶魚在海裡優游，而且，每位住客所能享受的沙灘面積相當大，人少又安靜，旅遊品質極高。

整趟蜜月旅行，除了馬爾地夫之外，我們還順道玩了新加坡與馬來西亞。兩人總共花費 20 多萬元，我已經事先用「紅包袋理財法」準備好全部的旅費。

夢幻之旅 2》杜拜帆船酒店之旅

婚後 3 週年，我和老婆去杜拜自由行，住在帆船酒店，我們選擇的房型是一晚要價新台幣 6 萬元的樓中樓，我們住了 2 晚。走進飯店，映入眼簾的設備都是純金打造：柱子、電梯、房間門把、電燈開關、浴室水龍頭、客廳電視櫃等，金碧輝煌又誇張奢華的大廳與房間，讓人大開眼界！

我們租車自駕，從杜拜開到阿布達比。高速公路的兩側，先是城市，後來變成黃澄澄的沙丘，飽覽沙漠國家的異國風情。

由於預算有限，因此在杜拜的另外幾晚，是住在每晚只要 1 萬多元的飯店，整趟旅行兩人共花了快 30 萬元。其實我早在馬爾地夫度蜜月時，就已經計畫將來要去杜拜住帆船酒店，於是我花了 3 年的時間準備。改編一下電視劇《三國》中司馬懿的台詞：「我花錢只有一次，可我存錢存了 36 個月呀！」（編按：原句為「我揮劍只有一次，可我磨劍磨了十幾年呀！」）

夢幻之旅 3》冰島雪地自駕旅行

因為看了電影《白日夢冒險王》，所以結婚 5 週年時，我們決定冬天去趟冰島自由行。跟去杜拜一樣，我們選擇租車自駕。在雪地上開車，道路兩側都是厚厚的積雪，身旁都是黑色的火山岩山脈，從半山腰到山頂覆蓋著白色雪帽。

空曠的大自然，藍天之下，就只有黑色與白色，特殊的景觀令人讚嘆！住在副熱帶地區的台灣人，從來不曾體驗過這種景致。黃昏時，夕陽映在山上，原本純白的雪山，竟然變成粉紅色。開車馳騁在粉紅色的雪山旁，連我這個大男生都感到超級夢幻。

　　這趟冰島自駕之旅，我用了 2 年的時間存了 20 幾萬元，才順利成行。別看我旅遊一趟就用掉 20 萬元、30 萬元，好似「土豪上班族」，花錢不手軟！其實我都是有計畫地一點一滴積存旅遊基金。

　　或許有人會問：「幾萬元、幾十萬元的鈔票放在身邊，安全嗎？」確實不安全，因此，如果袋中現金已經累積超過 1 萬元，我會轉存到銀行帳戶，然後在紅包袋寫上存入的日期與金額。這樣就可以避免現金遺失，也能持續使用紅包袋記帳，達成專款專用的目標。

年度花費也能用定期定額準備，以減輕支付壓力

　　除了「想要清單」之外，如果「每年」都有需要一次支付上萬元的花費，也可以用同樣的方法，以分散在每個月進行分期存款，達到專款專用的目的，減輕「一口氣要付幾萬元」的壓力。

　　以我個人為例，我的「年度花費清單」包括年度保險費和年度養車費，都是用這種方式準備，詳細說明如下：

年度保險費》

　　我所投保的 1 張 500 萬元保額的定期壽險、3 張 500 萬元保額的定期傷害險（合計保額 1,500 萬元）。雖然保費已經很便宜，定期壽險只要年繳 1 萬多元，另外 3 張的保費約 4,000 元～ 5,000 元，但是，每年加起來要 2 萬多元，如果集中在同一個月繳納，對上班族來說也是頗為吃力。因此，我使用「紅包袋理財法」，每個月存 2,000 元，1 年後就有 2 萬 4,000 元，足夠讓我繳納年度保險費。

年度養車費》

　　我的自用車排氣量是 1,800c.c.，每年的牌照稅、燃料費加起來要 1 萬 2,000 元左右，加上汽車保險費每年約 8,000 元，還有固定的保養費用（包括換機油、輪胎、電瓶等消耗品），平均每年可能要花費 3 萬多元。我每個月存 3,000 元，1 年下來可以累積 3 萬 6,000 元，大致足夠支付這筆養車費。偶爾在其中幾年維修更換的耗材比較多，也頂多再多支付個幾千元，不至於負擔過重。

　　我實施這個「紅包袋理財法」幾年後，看到理財雜誌介紹，有一位媽媽也用類似的方式，她是用「信封袋」打理

全家的伙食費、孩子的學費等，可見這樣的方法很適合一般家庭。重點在於「量入為出」與「計畫消費」，在有限的收入範圍內，事先規畫每一筆開銷的預算金額，並且確實按照預算執行。

擬定購物清單可減少衝動消費，避免陷入財政困境

除了「想要清單」、「年度花費清單」之外，每月、每週要買的東西也可以試著用「日常購物清單」。養成列出「日常購物清單」的習慣，上賣場、逛街時只採購相關的項目，就不會突然看到什麼就買什麼，結果買回家之後，卻都沒有用到，造成浪費。依照事先擬定的清單購物，可以有效減少「衝動消費」，也能避免讓自己陷入財務困境。

總之，我鼓勵大家將每個月的收入分成 3 份，並非要大家都縮衣節食、當個守財奴、不要玩樂、不要消費奢侈品。如果有計畫的消費，不影響日常生活與長期投資，無論是出國旅遊與家人營造快樂回憶，或買名錶、名牌包、高檔手機慰勞自己上班的辛勞，或許還能成為努力賺錢、存錢的動力。

謹慎使用信用卡
勿把「付款」變「負債」

　　信用卡是現代人常用的支付工具，不管是在實體店鋪或網路購物，需要付錢時，不必一張一張數鈔票、掏銅板，非常方便又省時。但是，並非人人都懂得「善用」它，甚至很多人還「誤解」它的功用。

　　我認為，信用卡的最大功能是：出門不必帶太多的現金，並不是買東西不必付錢。它只是「延遲支付」的工具，也就是由信用卡的發卡銀行，暫時幫你代墊款項給商家，每個月結帳一次，發卡銀行再來跟你索取當月的刷卡金。代表你將來仍然要付錢給發卡銀行，它只是讓我們行個方便。

信用卡消費為延遲支付，不等於不用付錢

　　使用信用卡最重要的是：「每個月的帳單一定要繳清」，不要動用「循環利息」。如果有帳單沒有繳清，依照國內現行法律，最高要付利息 15%（信用卡循環利率上限

原為 20%，《銀行法》修法後，自 2015 年 9 月起降為 15%）！

我身邊有許多友人，誤以為用信用卡消費是，「只要繳 10% 最低應繳金額，就能獲得高額消費品」。例如：刷卡消費 3 萬元，只需要繳最低應繳金額 3,000 元，就能輕鬆取得 3 萬元的產品。他們從頭到尾都不知道：「沒有繳清的錢，並非不必繳，那等於是欠銀行的債務。」

欠債是要還錢的，而且要加計利息。如果帳款超過 1,000 元，而且未繳足當期最低應繳金額，還會再額外欠一筆「滯納金」（或稱違約金，多為一期 300 元，連續 2 期 400 元，最高收取 500 元）。

循環利息是以「累積未繳消費金額 × 欠款天數 × 日息」計算。以年利率 15% 為例，日息即為「15% ／ 365 天」。假設 5 月 30 日消費 3 萬元，6 月 5 日結帳日的帳單，就會產生 3 萬元帳款。

如果 6 月 23 日繳款截止日當天，只繳了最低應繳金額

3,000 元，到了第二期的結帳日 7 月 5 日尚有 2 萬 7,000 元未繳，第二期的帳單就會出現 440 元的循環利息（3 萬元 × 日息（15% ／ 365 天）×24 天（5 月 30 日～ 6 月 22 日）＋ 2 萬 7,000 元 × 日息（15% ／ 365 天）×13 天（6 月 23 日～ 7 月 5 日））。

假設接下來 2 萬 7,000 元都不繳款，隨著欠款日期愈來愈長，累積的利息也會快速增加。大約在 1 年過後，光是累積的利息，就會逼近所欠下的本金 2 萬 7,000 元了。也就是說，若 1 年後才想繳清，得多花 1 倍的錢，相當驚人！

有的人一直使用「循環利息」，到後來，每個月都在支付卡債，好像永遠都償還不完，這就是所謂的「卡奴」。一旦動用循環利息，全國的銀行都可以透過聯徵中心（財團法人金融聯合徵信中心）看到資料，據此評估你的收入支出與還款能力，屆時如果你想申請新的信用卡或貸款，難度就會提高。

如果連「最低應繳金額」都沒有繳足，就會被聯徵中心列入「信用不良」；這樣的人，將來想買車、買房，要辦

理車貸、房貸，恐怕都很難辦得下來。畢竟，有借有還，再借不難；有借無還，再借困難。絕對不要輕忽卡債，欠債的後果，可能比你想得還嚴重。謹慎刷卡，信用至上，其實不只是電視廣告的警語，它是會發生在你我身邊的實際現象。

不要辦了信用卡就亂刷，刷到超過自己可以付擔得起的金額。請記得，戶頭的現金有多少，就是你當期刷卡的最高上限。如果想買的東西價格過高，超過戶頭的現金，該怎麼辦呢？很簡單，先不要買，可以利用上一篇介紹的「紅包袋理財法」，先把它放入你的「想要清單」，等存夠錢再來買。

億萬富翁的理財建議：不要使用信用卡

2017 年年底，美國商業新聞網站「CNBC Make It」有篇報導，主角是 NBA「達拉斯獨行俠（Dallas Mavericks）」的老闆、身價高達 35 億美元（約合新台幣 1,000 億元）的 60 歲億萬富豪馬克·庫班（Mark Cuban）。他給了 3 個「能存到更多錢」的建議，其中一

項就是「不要使用信用卡」，這是他在付出慘痛教訓後所學到的經驗。

庫班表示：「我曾經使用信用卡付費，並且以為我有能力支付帳款，結果我做不到。我無法告訴你我剪過幾張信用卡。」同時，他還指出，「卡債的年利率高達18%、20%，甚至30%，你在卡債方面的損失會高於你從其他地方賺到的收入。」

而早在2014年，馬克‧庫班在接受Business Insider網站採訪時，被問到他會希望20歲時能夠聽到何種理財建議？他的回答是，「信用卡是你所能做的最糟糕投資。透過沒有債務而『節省的利息』，會超過投資股市所能得到的報酬。」

信用卡是中性的工具，端看持有者怎麼使用它。如果明確理解信用卡的相關規則，也有足夠的自制力，可以「在自己收入範圍內」刷卡消費，每期帳單都繳清；那麼，信用卡可以當成不必攜帶大量現金的付款工具。但是，如果你總是無法克制衝動消費的欲望，經常寅吃卯糧、預支下

個月的薪水、透支自己的未來；那麼，信用卡對你而言就是製造負債的工具，不要使用或許比較好。

　雖然說信用卡也常被視為身分的象徵，例如聽到某某富豪持有「黑卡」（美國運通公司所發行，刷卡額度無限制的信用卡，僅採取邀請制），一般人總是投以羨慕的眼光。然而，這不代表不使用信用卡的人就是矮人一截，是否使用信用卡只是一種運用金錢的方式，跟財富多寡無關。如果被朋友、同事問到為何不使用信用卡？或許你可以說，「我跟 NBA 達拉斯獨行俠隊的老闆庫班一樣，只用現金。」聽起來反而更酷！

隨堂練習》
打造 3 桶預備金與「333 理財法」

看完第 1 課的基礎理財知識，相信你應該有學到若干心得吧？學到了，就要馬上使用，實際動手計算，才能加深印象！

接下來，請拿出你的紙、筆與計算機，我們一起來動手練習，量身打造屬於你自己的「3 桶預備金」與「333 理財法」。請放心，一點都不難，只需要簡單的加減乘除，運用國小 3 年級的數學能力就會計算了。

步驟 1》列出 3 桶預備金

◎第 1 桶預備金：自用醫療保險預備金

目標：每人 20 萬元
我家共有 _____ 人
應該準備存款 _____ 萬元
已經準備存款 _____ 萬元

狀況 1》單身

1 人飽全家飽，應備目標就是 1 人份金額 20 萬元。

狀況 2》已婚，夫妻各自管理財務

夫妻獨立管錢，各自填寫自己 1 人份的金額 20 萬元。

狀況 3》已婚，夫妻共同管理財務

如果由夫妻其中 1 人負責管理家庭財務，就要填入 2 人份的「自用醫療保險預備金」。另外，如果有養育未成年子女，每位子女也需要有 20 萬元的額度。

◎第 2 桶預備金：緊急預備金

> **目標：1 年的家庭必要生活費或 20 萬元，兩者取其高**
> 我家 1 年必要生活費約 ＿＿＿＿＿＿＿＿＿ 元（不足 20 萬元則填 20 萬元）

已婚者估算緊急預備金時，最好能以家庭為單位。如果無概念，可以先估算每個月必要生活費，再乘以 12 個月，即能算出 1 年的必要生活費。如果感到有壓力，至少也要準備 3 個月的生活費，如果低於 20 萬元則取 20 萬元。

◎第 3 桶預備金：計畫花費預備金（有需要才存）

> 目標：2 年或 3 年內的花費計畫（商品名稱、旅遊地點）與預估
> 金額？
>
> 1. 名稱：＿＿＿＿＿＿＿＿　預估金額：＿＿＿＿＿＿＿＿元
>
> 2. 名稱：＿＿＿＿＿＿＿＿　預估金額：＿＿＿＿＿＿＿＿元
>
> 3. 名稱：＿＿＿＿＿＿＿＿　預估金額：＿＿＿＿＿＿＿＿元

將上述數字填入屬於你自己的「3 桶預備金」檢視表：

預備金類型	「應備」存款金額	「已備」存款金額
1.自用醫療保險預備金	＿＿＿＿＿萬元	＿＿＿＿＿萬元
2.緊急預備金	1年生活費＿＿＿萬元	＿＿＿＿＿萬元約等於＿＿＿個月生活費
3.計畫花費預備金	1.名稱＿＿＿＿＿＿，預估金額＿＿＿＿＿元 2.名稱＿＿＿＿＿＿，預估金額＿＿＿＿＿元 3.名稱＿＿＿＿＿＿，預估金額＿＿＿＿＿元	1.已備金額約＿＿＿元 2.已備金額約＿＿＿元 3.已備金額約＿＿＿元

步驟 2》檢視 3 桶預備金是否存滿

　　根據「3 桶預備金」的檢視表，你應該仔細計算，看看

自己是否已經存滿 3 桶預備金？

☐是：已經存夠「3 桶預備金」，恭喜！你的財務狀況基本上沒有大問題。在填寫步驟 3「333 理財法」表格時，只需要填寫「投資」、「花費」的分配比重就好。

☐否：還沒存足夠的人也不必氣餒，現在試著規畫每個月的存錢預算，從「下個月發薪水」開始，依照計畫去執行，一點一滴、慢慢累積，總有存夠的一天。

步驟 3》使用「333 理財法」分配收入

◎月收入金額：＿＿＿＿＿＿＿＿＿ 元

◎月收入的分配規畫：

閱讀本書前的規畫：	閱讀本書後的規畫：
存錢 ＿＿＿＿＿＿＿ 元	存錢 ＿＿＿＿＿＿＿ 元
投資 ＿＿＿＿＿＿＿ 元	投資 ＿＿＿＿＿＿＿ 元
花費 ＿＿＿＿＿＿＿ 元	花費 ＿＿＿＿＿＿＿ 元
收入分配改變原因：	

＿＿＿＿＿＿＿＿＿＿＿＿＿＿＿＿＿＿＿＿＿＿＿

＿＿＿＿＿＿＿＿＿＿＿＿＿＿＿＿＿＿＿＿＿＿＿

＿＿＿＿＿＿＿＿＿＿＿＿＿＿＿＿＿＿＿＿＿＿＿

填寫範例：

◎月收入金額：＿＿＿35,000＿＿＿元

◎月收入的分配規畫：

閱讀本書前的規畫：		閱讀本書後的規畫：	
存錢　5,000　元		存錢　10,000　元	
投資　0　元		投資　5,000　元	
花費　30,000　元		花費　20,000　元	

收入分配改變原因：

使用3桶預備金檢視存款後，發現我一共需要40萬元預備金。但是我目前只存到30萬元，尚缺10萬元；如果每個月存5,000元，需要存20個月才能存到。

為了盡快達到目標，我計畫減少每月花費，每個月多存5,000元，那麼只要10個月就能再存10萬元。當已備存款達到40萬元，我就要開始投資。

步驟 4》節省花費，試圖存下更多錢

◎列出 3 筆年度最大開銷：

如果你想要存下更多錢，「節流」是最直接的做法，方式則是列出年度最大的 3 筆開銷，接著再思考如何減少花費的金額。

如果不知道答案，可以查詢日常帳單與扣款紀錄，回想一下去年花費較多的項目是什麼？或者從現在開始記帳，最慢 1 年後就能知道答案了。

我的 3 筆年度最大開銷

名次	項目	1 年總金額
1	＿＿＿＿＿＿＿＿＿＿	約 ＿＿＿＿＿ 元
2	＿＿＿＿＿＿＿＿＿＿	約 ＿＿＿＿＿ 元
3	＿＿＿＿＿＿＿＿＿＿	約 ＿＿＿＿＿ 元

◎思考能否節約這 3 筆開銷金額？

第 1 大開銷，我覺得可以節約的方法是？

答：＿＿＿＿＿＿＿＿＿＿＿＿＿＿＿＿＿＿＿＿

第 2 大開銷，我覺得可以節約的方法是？

答：＿＿＿＿＿＿＿＿＿＿＿＿＿＿＿＿＿＿＿＿

第 3 大開銷，我覺得可以節約的方法是？

答：＿＿＿＿＿＿＿＿＿＿＿＿＿＿＿＿＿＿＿＿

按照以上 4 個步驟，認真檢討目前的收入分配方式，相信你也能按部就班存到足夠的「應備存款」，接下來就能開始投資，朝著財富自由的目標邁進。

 余老師的小提醒

無論你的收入是多是少，只要有規畫與分配，就是你在「支配金錢」、當金錢的主人，而不是「被金錢支配」。適當的規畫金錢，有效管理存錢、投資與花費，就不用常常擔心「錢不夠用」，你將能更有信心的邁向未來。

資產增值》
獲利滾入放大報酬

投入本金小，報酬率再高也只是賺到零用錢；應該持續放大本金，獲利再滾入，才能滾出一筆花不完的資產。

今年股票賺30%，可是獲利只有9萬元，多久才能財富自由？

衡量總資產報酬率
才能了解完整投資績效

　　講到投資理財，通常會用「投資報酬率」來衡量成果；但是，它其實不夠完整，應該要用「總資產報酬率」才能衡量整體資產的投資成果。什麼是總資產報酬率呢？跟「投資報酬率」有何不同？舉例說明如下：

　　甲、乙兩人分別擁有 300 萬元的資產，1 年後相聚，討論各自的理財方法與成果。

　　甲：「我的理財工具，是定存跟『指數化投資』。目前的持股，是追蹤台灣股市的元大台灣 50（0050），與追蹤全球股市的先鋒全球股票 ETF（VT.US）。定存 1 年利率大約 1.07% 左右，元大台灣 50 與先鋒全球股票 ETF 的年化報酬率大約 6%。」

　　乙：「我跟你一樣耶，有定存，也有投資股票。不過，我股票的投資報酬率比你高喔！我聽朋友報了 3 檔明

牌，買進後都拉出 1 根漲停板然後賣出，1 年來總共賺了
30%！」

乍聽之下，似乎乙比較厲害，但是，問題來了，要比較
兩者誰厲害，應該要看誰的資產成長更多？只要把甲、乙
兩人的資產配置內容攤開來看，就能知道答案了（詳見表
2-1）。

如果投入本金太小，即使高報酬也難創造高獲利

原來，1 年之前，甲的 300 萬元資產中，有 30 萬元放
在銀行定存，剩下的 270 萬元都透過「指數化投資」，
投資在股票型 ETF，年化報酬率約 6%。1 年後，整體總資
產增值 16 萬 5,210 元，總資產報酬率約 5.51%（16 萬
5,210 元 ÷300 萬元 ×100%）。

乙的股票投資報酬率在過去 1 年達到 30%，確實是很優
秀的表現，但是，他的 300 萬元資產中，只配置 30 萬元
在個股投資，其餘 270 萬元都放在銀行定存。1 年後，整
體總資產增值 11 萬 8,890 元，總資產報酬率約 3.96%

（11 萬 8,890 元 ÷300 萬元 ×100%）。

以「總資產報酬率」來看，甲的資產成長能力是 1 年 5.51%，明顯勝過乙的 3.96%。

上述例子的兩人，其實普遍存在於我們周遭。有認真觀察財經新聞的投資人，多少都知道「股神」華倫・巴菲特（Warren Buffett）的名號，他所執掌的波克夏海瑟威（Berkshire Hathaway）公司，1965 年～ 2018 年的市值年複合成長率為 20%，這個數字被視為巴菲特的年化報酬率，也因此有許多投資人追求每年 20% 以上的「股神報酬率」。

事實上，每年的投資報酬率能夠穩定達到 20% 的人少之又少；就算真有這麼優秀的投資表現，如果投入的資金占總資產的比重很小（例如只有 10%），對於總資產報酬率的提升，效果相當有限。

上述例子當中的甲，「指數化投資」的年化報酬率 6%，似乎不亮眼。但是，甲的投資金額占總資產比重高達

表2-1 透過總資產報酬率才能看出誰是投資贏家

甲：資產配置穩健，1年總資產報酬率為5.51%

資產配置	投入標的	期初配置方式		1年後市值（元）	1年投資報酬率（%）
		投入金額（元）	比重（%）		
應備存款	銀行定存	300,000	10.0	303,210	1.07
指數化投資（台股）	元大台灣50（0050）	1,350,000	45.0	1,431,000	6.00
指數化投資（全球）	先鋒全球股票ETF（VT.US）	1,350,000	45.0	1,431,000	6.00
合計		3,000,000	100.0	3,165,210	5.51

乙：銀行存款比重太高，1年總資產報酬率僅3.96%

資產配置	投入標的	期初配置方式		1年後市值（元）	1年投資報酬率（%）
		投入金額（元）	比重（%）		
應備存款	銀行定存	2,700,000	90.0	2,728,890	1.07
個股投資	台股	300,000	10.0	390,000	30.00
合計		3,000,000	100.0	3,118,890	3.96

註：應備存款包括自用醫療保險預備金＋緊急預備金

90%，這對於整體資產的報酬，貢獻就很大。簡單來說：「本大利小，利不小；本小利大，利不大。」投入的本金很大，雖然報酬率看似不高，但是卻能帶來可觀的總利潤金額。

例如投入 1,000 萬元在年化報酬率 6% 的工具，每年就能增值 60 萬元！

反之，僅投入 30 萬元在年化報酬率 30% 的工具，1 年後也只有增值 9 萬元。可見投入的本金太小，即使報酬率很高，最後的總利潤也不會高到哪裡去。

因此，如果要讓總資產有效成長，不能只看其中一小部分的投資報酬率高低，而是要全面考量總資產的配置。當「投入的本金」多，只需要適當的報酬率，就能創造理想的財富累積成果。

報酬滾入再投資
靠「複利」加速財富膨脹

　　延續前一篇「投資報酬率」的主題，投資的「報酬」就是「獲利」的意思。報酬可以是低買高賣的價差（或稱資本利得），例如：買進股票、基金或房地產，之後價格升高，就會跟當初買進的成本產生價差。報酬也可以是配息，例如：銀行存款的利息、股票的股息（或稱現金股利）、基金的配息等。

　　把報酬除以投資本金，就能得到投資報酬率的數字。例如：投資 100 萬元，1 年後得到報酬 6 萬元，這 1 年的投資報酬率就是 6%。

　　獲得了 6 萬元的報酬，應該怎麼運用呢？是該領出來花光？還是繼續拿去投資？請注意，如果你投資的目的是累積財富，建議你最好將這 6 萬元繼續拿去投資，這個「報酬滾入再投資」的決定，所創造出的投資報酬率，就是大名鼎鼎的「複利」，將能為你加快累積財富的速度。當我

們在計算投資報酬率時,根據「報酬是否滾入再投資」,可以區分為「單利」與「複利」。

單利:指本金不變,報酬沒有滾進去再投資,**公式為:期末本利和＝期初本金 ×(1＋年報酬率 × 期數)**。

複利:指本金會增加,將報酬滾入本金再投資,**公式為:期末本利和＝期初本金 ×(1＋年報酬率)**^期數。

隨著投資時間增加,單利與複利的差距將擴大

當你將報酬滾入再投資時,就會有複利的效果,往後每一期的本金等於「前一期的本金＋報酬」,因此本金會愈滾愈大,也就是俗稱的利滾利、錢滾錢。

我們來看看,假設本金 100 萬元,年化報酬率 6%,連續投資 30 年,分別使用單利和複利,最後累積的本利和(本金＋報酬)會有多大的差異?

狀況 1》單利:每年年初的本金都相同

第 1 年初：投資本金 100 萬元

1 年後本利和＝ 100 萬元 ×（1 ＋ 6%）＝ 106 萬元。

第 2 年初：投資本金仍然是 100 萬元

1 年後本利和＝ 100 萬元 ×（1 ＋ 6%）＝ 106 萬元。

讀者可以用計算機自己計算，不管是第 1 年或第 2 年，輸入方式皆為：「1,000,000×1.06」。

第 3 年～第 30 年：投資本金皆為 100 萬元

往後的每年也都一樣，本金都是 100 萬元，每年結束時都會產生 6 萬元的報酬。連續 30 年下來，總共會有 30 次的 6 萬元報酬，就等於 180 萬元，而本金一直維持 100 萬元不變。

因此，以單利 6% 投資 30 年後，本利和一共是 280 萬元（100 萬元＋（6 萬元 ×30 年））。

狀況 2》複利：每年初的本金都是前一年的本利和

第 1 年初：投資本金 100 萬元

1 年後本利和＝ 100 萬元 ×（1 ＋ 6%）＝ 106 萬元。

第 2 年初：投資本金為 106 萬元

1 年後本利和＝ 106 萬元 ×（1 ＋ 6%）＝ 112 萬 3,600 元。

讀者可以看到，單利、複利第 1 年的本金同樣都是 100 萬元，因此不管是單利或複利，第 1 年的本利和同樣是 106 萬元。但是，到了第 2 年開始就不同了，複利是把報酬滾入本金繼續投資；也就是說，第 1 年賺到的 6 萬元報酬要「加進去下一期本金」，因此第 2 年初的本金等於前一年累積的本利和 106 萬元。

第 2 年過後，本利和一共是 112 萬 3,600 元，讀者可以用計算機自己計算，第 2 年的本利和，輸入方式為：「1,060,000×1.06×1.06」。

第 3 年～第 30 年：未來每年初的本金愈來愈高

第 3 年初的本金即為第 2 年本利和 112 萬 3,600 元，依此類推直到 30 年結束，最後的本利和就是「6% 複利

表2-2 投資40年，單利與複利差了約689萬

以100萬元本金，布局年化報酬率6%商品

投資期間	單利本利和	複利本利和	兩者差距
5年	130萬元	約134萬元	約4萬元
10年	160萬元	約179萬元	約19萬元
20年	220萬元	約321萬元	約100萬元
30年	280萬元	約574萬元	約294萬元
40年	340萬元	約1,029萬元	約689萬元

註：複利本利和經過四捨五入至萬位

30 年」，計算結果是 574 萬 3,491 元，讀者如果想用計算機計算，輸入方式為：「1,000,000×1.06×1.06×1.06×1.06×……（連乘 30 次）」。

複利投資 30 年的本利和，與單利投資 30 年的本利和，相差高達 294 萬元，非常巨大！這就是報酬滾入再投資的複利效果。單利和複利的差距，隨著時間增加，差距會愈來愈大。同樣都是單筆投資 100 萬元，5 年後，本利和只差距約 4 萬元；但是，將投資時間拉長到 40 年，本利和竟然相差到約 689 萬元（詳見表 2-2），這就是複利的驚人威力。

知識補給站　計算投資的年化報酬率

計算投資報酬率，只需要將投資期間的「報酬」除以期初投入的「本金」就能算出來，又稱為「累積投資報酬率」。

不過，當投資期間超過 1 年，例如：投資 5 年的累積投資報酬率為 28%，要怎麼評估以複利計算的年報酬率呢？其實只要換算成「年化報酬率」就可以了，透過 Excel，即能快速算出答案是 5.06%。

累積投資報酬率換算成年化報酬率＝ $(1+$ 累積報酬率$)^{(1/5)}-1$，因此上述範例的 Excel 公式為「=(1+28%)^(1/5)-1」

　　在生活費與預備金足夠的狀態下，要盡可能善用投資，讓財富累積起來。因此，投資所獲得的報酬，要領出來花掉？還是要滾入再投資？相信你應該清楚要選擇哪一個了。

　　除了按計算機之外，有沒有更有效率的方法計算複利的本利和呢？答案是「有的」，以下就來看看，如何使用電腦軟體 Excel 計算本利和。

　　依照資金投入的方式，可以區分為單筆投資與分期投資。

留意 Excel 輸入規則，確保得出正確答案

輸入公式卻無法計算出結果，如果確定公式無誤，那麼就要檢查是否有遵守以下最基本的規則：

規則 1》一律輸入半形數字及符號：
輸入計算條件時，都要切換到英／數模式，輸入半形的數值或符號，如果輸入全形則會無法運算。

規則 2》不需要輸入千分號「,」
超過千元以上的數值，不必自己鍵入千分號，只需要單純地輸入數字就可以了。

規則 3》公式前方一定先輸入「＝」
只要是需要計算的公式，最前面一定要輸入等號，Excel 才會知道那是公式。

單筆投資就是從頭到尾只投入一筆資金；分期投資（又稱為定期定額），則是每期都會投入新的資金。以下將針對 3 種狀況舉例說明：

狀況 1》單筆投資

假設投入本金 100 萬元，在年化報酬率 6% 的工具上，複利 10 年後，可以累積多少本利和？

在計算之前，我們得先了解 Excel 上複利的算式：「= 本金金額 * (1+ 年化報酬率 %)^ 年數」。因此，在 Excel 儲存格中輸入「=1000000 * (1+6%)^10」，再按下「Enter」，即能得到答案。

	A	B	C	D	E
1	單筆投資本利和	❻ 1,790,848			
2					
3					

❶ 公式最前方輸入「=」。

❷ 本金的金額直接輸入數字「1000000」。

❸ (1+6%) 當中的「1」代表本金，「6%」則是預估的年化報酬率。

❹ 「^」代表的是「次方」，輸入方式為先按住電腦鍵盤上的「Shift」鍵不放，同時再按標準鍵盤上面橫排數字的「6」，即可以成功打出這個符號。

❺ 「10」代表「10 期」，因為我們預設一期為 1 年，所以這裡也代表複利 10 年的意思。

❻ 上述公式輸入完成，即可得到本利和「1,790,848」，約當 179 萬元。

狀況 2》定期定額

假設投資人每個月月初定期定額投入 1 萬元資金於指數化商品，預估年化報酬率為 6%，20 年後此筆投資的市值大約多少呢？

只要是每期（每月或每年）都要投入一筆新資金，最常見的例子就是基金的定期定額投資，都可以用 Excel 的「FV」函數計算複利投資的本利和，對於要試算投資結果的讀者朋友非常實用！

在計算之前，我們得先了解如何在 Excel 上輸入定期定額投資的算式：「= FV(年化報酬率 /12, 月數 ,- 每月投資金額 ,- 單筆投資金額 ,1)」。因此，在 Excel 儲存格輸入「=FV(6%/12,240,-10000,0,1)」，再按下「Enter」，就能得到答案。

如果使用者擔心順序輸入錯誤，可以在輸入「=FV(」後，用滑鼠按一下 Excel 上的「fx」符號，就會跳出一個「函數引數」的輔助視窗，只要按照視窗當中各欄位旁的指示，依序填入數字即可。

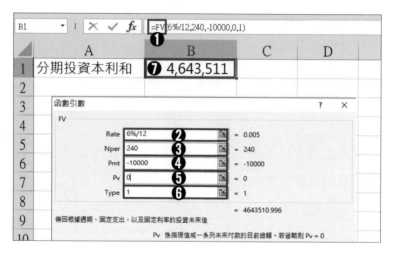

❶「=FV」：FV 可以算出「終值（未來值）」，它是 Excel 的 5 大財務函數之一。

❷「Rate」輸入每期利率，本範例是每月定期定額投入，一期是 1 個月，因此要輸入「6%/12」，換算為月報酬率。

❸「Nper」輸入投資期數，本範例是投資 20 年，等於 240 個月（即 240 期），因此要輸入「240」。

❹「Pmt」輸入每期投入（從投資人口袋拿出）的金額，代表現金流量的流出，因此要以負數表示，每期投入 1 萬元則輸入「-10000」。

❺「Pv」是現值，也就是期初的單筆本金。本範例在期初沒有投入單筆資金，因此可以省略不填或輸入「0」。

❻「Type」是計算定期定額時才會用到，輸入「1」代表「期初」投入，輸入「0」代表「期末」投入，本範例是期初投入，故輸入「1」。

❼上述公式輸入完成，即能得到本利和「4,643,511」，約當 464 萬元。

狀況 3》單筆投資＋定期定額

假設單筆投入 30 萬元，同時每月初定期定額投入 1 萬元於指數化商品，預估年化報酬率 6%。30 年後此筆基金投資的預估市值為多少呢？

在 Excel 儲 存 格 輸 入「=FV(6%/12,360,-10000,-300000,1)」，再按下「Enter」，就能得到答案，或者是叫出「函數引數」的對話框，分別填入要試算的條件。

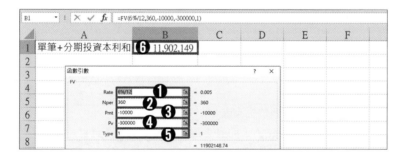

❶「Rate」輸入「6%/12」，亦即以年化報酬率 6% 除以 12 個月。
❷「Nper」輸入「360」，本範例 30 年共有 360 個月（360 期）。
❸「Pmt」輸入「-10000」，代表每期投入 1 萬元，每一期都從投資人的口袋流出 1 萬元現金。
❹「Pv」輸入「-300000」，代表期初單筆投入 30 萬元。
❺「Type」輸入「1」代表期初投入。
❻ 輸入完公式，即能得到本利和「11,902,149」，約當 1,190 萬元。

FV 財務函數說明

以下是 Excel 的 FV 財務函數詳細解說，有興趣研究的讀者再看。沒興趣的不看也沒關係，會將數字套用公式就好。

1.FV（投資未來值）
輸入公式為「＝FV(rate,nper,pmt,[PV],[type])」，[ ] 內的引數可有可無，但是 Pmt 與 Pv 必須擇一輸入。

2.「Rate」每期報酬率
每期為 1 年，則輸入年化報酬率；每期為 1 個月，則將年化報酬率除以 12。

3.「Nper」總期數
每期為 1 年，20 年則輸入 20；每期為 1 個月，20 年則輸入 240（240 期）。

4.「Pmt」年金（每期現金流量）
定期定額投資才需要輸入，而且必須為負數（現金流出）。如果只需要計算單筆投資，則此欄可以保持空白。

　　公式不必背，只要知道每個函數所代表的意思就好。學會了用法，就能套用到所有用單筆投資與定期定額的計算中。電腦軟體一定要自己親手操作過才容易記得住，趁著記憶猶新，趕緊打開你電腦的 Excel 軟體，動手試算例題！

搞懂「生命週期理財法」 創造穩定退休金流

在第 1 課時，我們學到理財的第一步是存款，目標是存到「3 桶預備金」。接下來的第二步就是從每個月的薪水中，拿一部分去「投資」。

有個非常適合上班族的「生命週期理財法」，也就是配合你不同的人生階段，執行不同的理財行為。有工作收入時，要「存錢＋投資」；沒工作收入（退休）以後，因為沒有錢繼續投入了，所以此時就會變成「提領」自己之前存的錢。

利用 40 年工作期間，打造個人投資水庫

現代人絕大多數開始工作的年紀，是在高中職畢業（年滿 18 歲）至碩士畢業（年滿 25 歲）間。18 歲～ 25 歲投入職場，以法定退休年齡 65 歲來看，分別可以工作 40 年～ 47 年。

　　這段長達 40 年的工作期間，在存夠「3 桶預備金」（自用醫療保險預備金、緊急預備金、計畫花費預備金）後，最好能每個月提撥 1/3 至 2/3 的薪水到你的「個人投資水庫」。要投資什麼呢？最不需要煩惱的投資工具當屬「指數化投資」，我簡稱為「存指數」（相關「指數化投資」的介紹詳見第 3 課）。

　　例如：月薪 3 萬元，每個月可以投入 1 萬～ 2 萬元，定期定額買進元大台灣 50（0050）的零股。每次領薪水時，就把薪水的一部分投入這個大水庫中，直到不再工作為止，這段期間就是你的資產累積期。

　　由於日常生活費會從每個月的薪水當中支出，如果有突發性支出，則會動用到「3 桶預備金」，因此，個人的投資水庫就會變成「只進不出」，直到退休之前都不需要動用到。

　　退休後，不再有工作收入，生活費來源就不再是薪水，而是之前存在個人投資水庫中的錢，每年可以提領一小部分當成生活費。

例如：每個月的基本生活費要 2 萬元，每年提領 24 萬元就足夠了。其他資產就繼續放在指數化投資工具中，讓它繼續賺取市場報酬。

舉例而言，累積期每個月投入 1 萬元，持續 30 年，經過年化報酬率 6% 的投資後，本利和約能達 1,000 萬元。等於你在 30 年後，能擁有市值約 1,000 萬元的個人資產水庫。這時退休，你可以每年從中提領總市值的 6% 當成生活費，也就是每年約 60 萬元，相當於每個月 5 萬元，這都是你能自行花用的錢，不用怕政府或勞保破產。

釐清 2 大疑問，執行退休計畫更有信心

不用擔心自己只是個領普通薪水的上班族，依照「生命週期理財法」，每個月投入一小桶水，在長達數十年的工作職涯中，同樣可以慢慢打造取之不盡、用之不竭的個人資產水庫（詳見圖 2-1）。

上述的方法只要遵守「有工作收入為累積期，無工作收入為提領期」的原則，執行細節仍然可以按照個人的需求

彈性進行調整,不過,大部分的民眾在執行時,通常會有2大疑問:

疑問 1》單筆與定期定額能同時進行嗎?

定期定額投入最大的好處是「紀律」,可以幫助我們強迫投資,因此,我很推薦大家採取定期定額。

如果是領到年終獎金、分紅獎金等單筆收入,只要是閒錢,都可以單筆投入到資產水庫當中。裡面的水(錢)愈多,就能讓資產累積的速度愈快。

疑問 2》我想提早退休享清福可以嗎?

只要你已經累積到餘生的足夠生活費,當然可以提前退休。不過,如果狀況許可,又不想繼續從事現在這份工作,不妨改為從事你喜歡的其他工作。

最好的例子就是「股神」巴菲特(Warren Buffett),20年來經常排名世界富翁前3名,明年就要滿90歲了,理當不需要工作,但是他照常上班,為什麼?因為他做的是自己喜歡的工作,所以樂在其中。

圖2-1 工作期間所存入的錢，只能在退休後提領
生命週期理財法運用方式

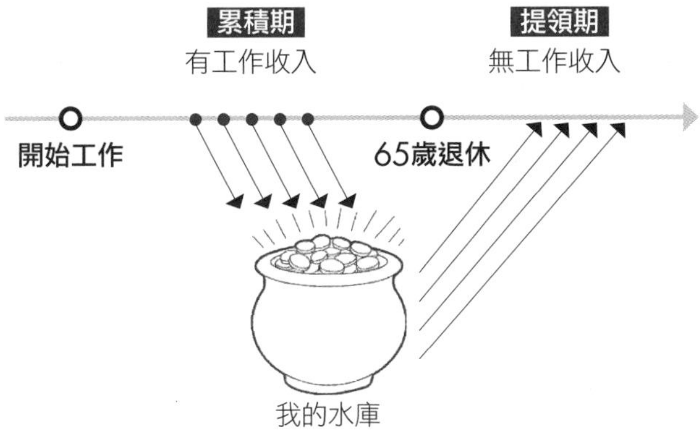

累積期	提領期
有工作收入	無工作收入

開始工作　　　　　　　　65歲退休

我的水庫

　　另外，有些人可能會想：「為什麼要存那麼多錢？老了可以讓小孩養我。」如果你確定孩子不會當「啃老族」，能養得活自己，還有餘裕孝養你，當然是一大樂事。但是，沒有人能保證這一點。建議你也要想到最差的情況，例如：還沒到退休年齡卻被迫離職，又找不到其他收入來源，小孩也沒有能力孝養等。規畫好自己整個生命週期的財務，把掌控權握在自己手上，才是最穩妥的方式。

建構專屬退休聚寶盆
讓退休金源源不絕

　　中國古代有個民間傳說：明朝初年，有位名為沈萬三的貧戶，他在池塘撈到一個泥盆，有次他的妻子不小心掉了一支銀釵到這泥盆中，後來裡面竟然裝了滿滿一盆的銀釵！夫妻倆試著把銅錢與元寶放入泥盆中，竟然也變成滿盆的銅錢和元寶。沈萬三後來成為大富翁，而這個泥盆就被稱為「聚寶盆」。

投資本金固定不動，退休後開銷都用增值金支付

　　只要聚寶盆不被打破，金銀錢財投進去都可以一直不斷地冒出來，取之不盡、用之不竭，相信這是許多人都想擁有的寶物。我現在就要教大家：如何打造自己的「退休聚寶盆」，以便擁有領不完的退休金？

　　假如你擁有 100 萬元，應該放在哪兒好呢？投入年化報酬率 6% 的 ETF（指數股票型基金）？等於每年會增值 6%，

圖2-2 只要不提領本金，就有用不完的退休金

聚寶盆式退休金示意圖

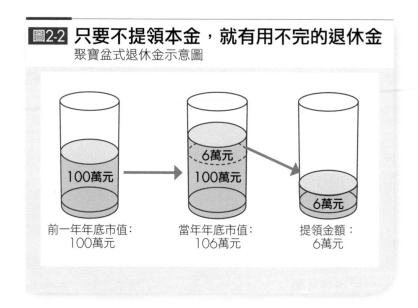

每年可以增值 6 萬元。把增值的 6 萬元提領出來，就好像從這個大水庫中，提領一小桶水出來使用，而本金都不動（詳見圖 2-2）。

到了下一個年度，這筆 100 萬元的本金會繼續再增值 6 萬元，你又可以再變現 6 萬元。如此一來，本金都不動的情況下，每年變賣一小塊持股來花用，就會有「永遠領不完的退休金」，這不就是「聚寶盆」嗎？

　　每年只有 6 萬元當然不夠用，因此，我們必須盡可能地增加本金，好讓退休時的投資本金，能為退休後的生活帶來夠用的生活費。

　　表 2-3 列出了，在每年能增值 6% 的情況下，從 300 萬元至 1,500 萬元的本金（股票市值）所能創造出來的金額。

　　我們可以看到，股票市值 300 萬元時，每年約能產生 18 萬元的報酬，等於每個月有 1 萬 5,000 元可以花用。股票市值 600 萬元時，每年增值的金額變成 36 萬元（相當於每個月 3 萬元），其實已經接近（甚至高於）不少基層上班族目前的工作所得。

　　如果股票市值能夠達到 1,000 萬元，每年增值的金額就變成 60 萬元（相當於每個月 5 萬元），這在一般私人企業，應該是資深員工或主管階層才能擁有的薪資待遇；對於擁有 1,000 萬元資產的人，即使不工作，也能擁有相同水準的月俸。

　　規畫退休金不是要你一口氣拿出 1,000 萬元或好幾百萬

表2-3 投資1500萬，每年約能創造90萬收入

不同股票市值每年所能創造的報酬

股票市值 （元）	增值金額（元）		說明
	年	月	
300萬	18萬	1萬5,000	18萬元÷12個月
450萬	27萬	2萬2,500	27萬元÷12個月
600萬	36萬	3萬	36萬元÷12個月
900萬	54萬	4萬5,000	54萬元÷12個月
1,000萬	60萬	5萬	60萬元÷12個月
1,200萬	72萬	6萬	72萬元÷12個月
1,500萬	90萬	7萬5,000	90萬元÷12個月

註：假設資金平均每年能夠增值 6%

元，而是在年輕時逐月拿出一筆小錢，例如幾千元或 1 萬元，然後運用複利滾存投資，在 30 年～ 40 年的工作時間中，慢慢累積成一大筆夠用的錢。至於累積期究竟該如何執行？每個月該分期投入多少，才有足夠的月退俸呢？下一篇文章會有詳細介紹。

規畫 3 方案，預防年化報酬率低於預設標準

假如股票市值有 1,000 萬元，每年固定提領 60 萬元來

用，聽起來很理想。但是，只要有實際投資的投資人一定知道，不可能有每年固定不變的報酬率，有時候會高一些、有時候會低一些。特別是沒有工作收入時，退休族一定會擔心：「萬一當年報酬率不足 6%，怎麼辦呢？」這是許多人共通的疑問，我們一起來探討解決方案。

方案 1》打造第 4 桶生活費預備金

如果擔心年化報酬率無法年年都有 6%，民眾可以打造第 4 桶退休專用的「生活費預備金」。假設以個人為規畫對象，1 年 60 萬元，大約能維持一個人 1 年～ 2 年的基本生活開銷。萬一當年度的股市是負報酬，沒有增值金可以動用，就用這筆 60 萬元的預備金當成生活費來源。

60 萬元分成 2 年使用，每個月就是 2 萬 5,000 元，維持個人的基本生活應該是足夠。假如是夫妻倆一起規畫，這第 4 桶金應該要準備 120 萬元。

我們往往想要的很多，但是事實上需要的沒那麼多。我認識一對已經退休的長輩，他們住在一間大套房中，天天爬山運動，2 人年收入合計僅 20 萬元，至今也平淡健康的

過了 20 年的退休生涯。一切都看你是怎麼規畫自己的收入，與取捨自己想要花費的欲望。

方案 2》超額報酬不提領，持續滾入投資

長期年化報酬率 6% 代表的意思是：有的年度會低於 6%、有的年度會高於 6%。如果每年都低於 6%，平均就不可能是這個數字，肯定會更低。

假如年化報酬率超過 6% 的年度要領多少呢？建議還是只領 6%，超額的部分要滾入再投資，讓它去發揮複利的效果，當成將來年化報酬率不足 6% 年度的補償。

方案 3》降低每年提領金額的上限

如果還是擔心退休金不夠用的話，也可以降低每年提領的比率或上限，例如每年最多只提領 5%。如此一來，你每年平均增值 6%，但是只提領 5%，多餘的 1% 滾入再投資，長期下來持股總市值還是會緩慢地增加，不用害怕退休金不夠用。有工作收入的階段，你的生活花費就應該保留餘裕，不能全部花光；沒工作收入的退休階段，或許也應該如此。

綜合上述 3 點，聚寶盆也可以如此規畫——預先準備第 4 桶預備金，每人至少 60 萬元，當成某年度股市負報酬的緩衝。每年股票增值的 6%，從中提領 5% 來花用；另外 1% 不提領，滾入再投資，本金都不動用，這樣可以更加確定你會有領不完的退休金。

既想退休享福，又怕勞保要破產（詳見圖 2-3），或者是擔心中年失業而活在恐懼中？其實不必如此，你有別的選擇，就是用「指數化投資」來累積退休金，將來的生活將不必受制於人。

本文的聚寶盆提領計算，都未計入政府提供的社會保險年金（例如：勞保、公務人員的公保、軍人的軍保等），將來如果真的領到，就能當成多出來的意外之財！

至於另一層職業退休金（例如：勞工退休金（勞退）、公務人員退休制度等），雖然一定能領到，但是一般上班族所能累積的金額，恐怕也不夠退休後使用。

我的理想目標是，就算沒有領到政府給的退休金，只依

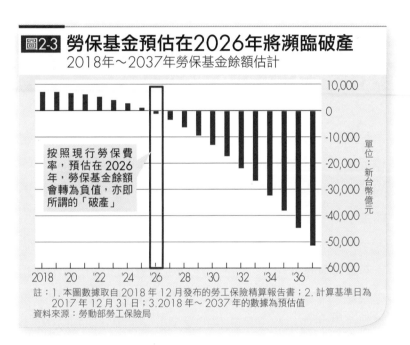

圖2-3 勞保基金預估在2026年將瀕臨破產

2018年～2037年勞保基金餘額估計

按照現行勞保費率，預估在2026年，勞保基金餘額會轉為負值，亦即所謂的「破產」

單位：新台幣億元

註：1. 本圖數據取自2018年12月發布的勞工保險精算報告書；2. 計算基準日為2017年12月31日；3.2018年～2037年的數據為預估值

資料來源：勞動部勞工保險局

靠自己的錢也足夠，我就是這樣幫自己與家人規畫退休金。

俗話說：「靠山，山會倒；靠人，人會跑；靠自己最好。」

與其坐等變數很多的各項社會保險，不如捲起袖子執行「存指數」，靠自己存退休金，你會更安心。

隨堂練習》
打造領不完的退休金

看完複利投資以及打造退休金聚寶盆的介紹，相信讀者也躍躍欲試了吧。接下來的練習題，同樣只需要加減乘除的能力，就能推估自己未來約能打造出多少「領不完的退休金」。

本課有教過大家，如何利用 Excel 計算未來的投資本利和（相關內容詳見第 89 頁），但是，如果你手邊正好沒有電腦，不妨使用本文所提供的速算表，可以幫助你速算出在年化報酬率 6% 的狀況下，每個月定期定額或單筆投資的資金，在未來 10 年～ 40 年約能累積到多少金額。

步驟 **1**》計算定期定額可累積的金額

範例

假設現年 40 歲的上班族，現在開始每個月投資 8,000元到年化報酬率 6% 的工具，到了年滿 65 歲法定退休年齡

表2-4 定期定額本利和速算表

以每月投資1,000元於年化報酬率6%的工具為例

定期定額投資期間	速算本利和	
	每月投資金額×速算倍數	每月投資金額1,000元之速算本利和（元）
10年	每月投資金額×164倍	16萬4,000
15年	每月投資金額×292倍	29萬2,000
20年	每月投資金額×464倍	46萬4,000
25年	每月投資金額×696倍	69萬6,000
30年	每月投資金額×1,009倍	100萬9,000
35年	每月投資金額×1,431倍	143萬1,000
40年	每月投資金額×2,001倍	200萬1,000

註：1.為了方便，本表忽略相關費用與稅負；2.「速算本利和」是根據 Excel 的 FV 函數算出的金額，無條件捨去至千元簡化而成，如果讀者希望能做更精確的計算，可以自行運用 Excel 計算

時，將會累積到多少錢？按照以下填寫順序，即能快速算出答案：

❶ 我距離 65 歲退休，還有 <u>25</u> 年。

❷ 依據目前收入，我可以定期定額每個月約 <u>8,000</u> 元。

❸ 對照定期定額本利和速算表。 在表中找到「25 年」的投資速算倍數為「696」倍

❹ 年化報酬率6%，複利累積 <u>25</u> 年後，本利和約 <u>5,568,000</u> 元。

每個月定期定額投資「8,000」元，乘上「696」倍，即可速算出答案

註：因為版面限制，所以本表僅提供 10 年～ 40 年，每 5 年為級距的速算表，請讀者選擇與實際情況最相近的年數即可

接下來就請讀者參考上例與速算表，同時拿出計算機來自行練習：

練習 1》我的定期定額投資本利和

❶ 我距離 65 歲退休，還有＿＿＿年。

❷ 依據目前收入，我可以定期定額「分期投資」每月約＿＿＿元。

❸ 對照定期定額本利和速算表。

❹ 年化報酬率 6%，複利累積＿＿＿年後，本利和約＿＿＿＿元。

步驟 2》計算單筆投資可累積的金額

範例

現年 40 歲的上班族，可以單筆投資 30 萬元到年化報酬率 6% 的工具，到了年滿 65 歲法定退休年齡時，這筆投資的本利和是多少？按照以下順序，即可快速算出答案：

---

❶ 目前可以「單筆投資」的預算約 300,000 元。

❷ 對照單筆本利和速算表。

為了方便，可以填寫 1 萬元的倍數

❸ 年化報酬率 6%，複利累積 25 年後，本利和約 1,287,000 元。

在速算表中找到「25 年」的單筆投資速算倍數為「4.29」倍

將單筆投資金額「30 萬元」，乘上速算倍數「4.29」倍，即可速算出答案

表2-5 單筆投資本利和速算表

以單筆投資1萬元於年化報酬率6%的工具為例

單筆 投資期間	速算本利和	
	單筆投資金額×速算倍數	單筆投資之速算本利和
10年	單筆投資金額×1.79倍	1萬7,900元
15年	單筆投資金額×2.39倍	2萬3,900元
20年	單筆投資金額×3.2倍	3萬2,000元
25年	單筆投資金額×4.29倍	4萬2,900元
30年	單筆投資金額×5.74倍	5萬7,400元
35年	單筆投資金額×7.68倍	7萬6,800元
40年	單筆投資金額×10.28倍	10萬2,800元

註：1. 為了方便，本表忽略相關費用與稅負；2.「速算本利和」是根據 Excel 的 FV 函數算出的金額，無條件捨去至百元簡化而成，如果讀者希望能做更精確的計算，可以自行運用 Excel 計算

接下來就請讀者參考上例與速算表，同時拿出計算機來自行練習：

練習 2》我的單筆投資本利和

❶ 我目前可以「單筆投資」的預算約 ＿＿＿＿＿＿＿ 元。

❷ 對照單筆本利和速算表。

❸ 年化報酬率 6%，複利累積 ＿＿＿＿ 年後，本利和約 ＿＿＿＿＿
元。

步驟 3》計算退休後每個月可以領出多少花費

範例

　　定期定額加上單筆投資，分別算出未來的本利和之後，即能計算退休後，每年與每月約能領出多少錢。以上述 40 歲上班族，投資 25 年，定期定額每月投資 8,000 元，目前單筆投資 30 萬元為例，試算如下：

❶ 定期定額加單筆投資，兩者的「本利和」合計約 6,855,000 元。

> 將定期定額本利和 556 萬 8,000 元，以及單筆投資本利和 128 萬 7,000 元相加，等於 685 萬 5,000 元

❷ 假設退休後年化報酬率 6%，預估退休後「每年」增值金額約 411,300 元。

> 將合計 685 萬 5,000 元，乘上退休後預估的年化報酬率 6%，即為每年約能增值的金額 41 萬 1,300 元

❸ 換算成「每月」可以提領增值金額約 34,275 元。

> 退休後每年增值金額 41 萬 1,300 元，除以 12 個月，即為 3 萬 4,275 元

　　如此一來，只要本金不動用、繼續放著，明年再增值 6%，便可以不斷地從本金提領約 41 萬元，等於每個月約有 3 萬 4,275 元，永遠領不完，這就是屬於自己的「永續年金」。接下來，請練習計算屬於你自己的月退俸吧！

練習 3》我的提領期每個月約能領出多少錢？

❶ 我的定期定額加單筆投資，兩者的「本利和」合計大約 _____ 元。

❷ 假設退休後年化報酬率 _____%，預估退休後「每年」增值金額約 _____ 元。

❸ 換算「每月」可提領增值金額約 _____ 元。

如果滿意計算出的結果，就依照計畫去建立起自己的資產水庫；如果不滿意，就必須提高投入的金額，或拉長累積期間、延後提領。本文的練習題，只需要用計算機搭配速算表就能完成，讀者如果要知道更精確的複利結果，可以依照前文的 Excel 公式，算出精確答案。

💡 **余老師的小提醒**

無論你現在幾歲，只要有固定收入，每個月最好都能定期投入資金「執行」投資。如果手上有一整筆的閒錢，也可以投入，如此一點一滴累積，讓「複利」與「時間」協助你打造聚寶盆。到了年滿 65 歲退休那天，你就可以擁有屬於自己、提領不完的退休金，不必再為政府的各種年金改革方案憂心。

Lesson 3

指數化投資》
穩定複製市場報酬

大盤漲 10%，我的持股賠 5%，績效竟然連大盤都不如……。

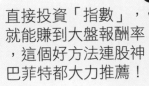

直接投資「指數」，就能賺到大盤報酬率，這個好方法連股神巴菲特都大力推薦！

投資「指數型基金」簡單賺取穩定獲利

講到「指數化投資」，要先介紹兩位最有影響力的推廣者：約翰・柏格（John Jack Bogle）與華倫・巴菲特（Warren Buffett）。柏格生於 1929 年，巴菲特生於 1930 年，兩人只差 1 歲，在美國都經常有媒體專訪，均享有高知名度。

但是在台灣，認識巴菲特的人應該遠多於柏格，因此，我先引用一段巴菲特的公開談話：「如果要立一尊銅像，表彰對美國一般投資人最有貢獻者，最明顯的選擇是柏格。他是眾多投資人的英雄，也是我的英雄。」

柏格為指數型基金之父，投資地位與巴菲特齊名

讓巴菲特如此推崇的柏格，究竟是何許人也？相對於巴菲特在台灣的高知名度，即使沒有投資股票的人，也多多少少聽過「股神」的名號；而在台灣，或許絕大多數金融從業人員都沒聽說過柏格，更別說一般民眾了。

其實，柏格在美國是跟巴菲特齊名的。1999 年美國《財星》（Fortune）雜誌選出「20 世紀 4 大投資巨人」，結果柏格與巴菲特並列其中；另外兩位投資巨人分別是知名基金經理人彼得・林區（Peter Lynch）與喬治・索羅斯（George Soros）。

這 4 位投資巨人當中，柏格是唯一不靠「個人投資績效與財富」入選的，他獲選的原因是因為開創「指數型基金」、對基金投資人帶來巨大的貢獻。此外，2004 年，美國《時代》（Time）雜誌選出「世界百大最有影響力的人」，柏格與巴菲特也雙雙榜上有名（詳見表 3-1）。

柏格一生共寫了 10 本著作，也經常受邀演講，還獲得母校普林斯頓大學（Princeton University）在內等 13 所美國大學授予榮譽博士學位。柏格創辦的先鋒集團（Vanguard Group），現為世界第二大基金集團（原為第一大，後來第二大的貝萊德收購巴克萊國際投資公司後，所管理的資產超過 Vanguard）。

柏格計算了第二次世界大戰結束後的 1945 年到 1970

年代，美國共同基金平均年化報酬率為 8.7%，同時期的標準普爾 500 指數（S&P 500）的年化報酬率為 10.1%，基金落後指數 1.4 個百分點，這個數字剛好約略等於共同基金收取的費用。

發現這個奇妙事實的柏格心想：「能不能創造一檔基金，不採用主動選股策略，而是用很低的費用，複製整體市場指數的報酬，這樣就可以贏過大多數共同基金了。」例如：每年僅收取費用 0.1%，就能拿到 10%（10.1% － 0.1%）的年化報酬率，明顯勝過共同基金僅有的 8.7%。不追求打敗市場、亦不被市場所打敗，等於立於不敗之地。

於是，柏格在 1974 年創立了先鋒集團，而後推出了世界上第 1 檔提供給大眾購買的指數型基金——第一指數投資信託（First Index Investment Trust），後來更名為「先鋒 500 指數型基金（Vanguard 500 Index Fund）」（編按：「指數型基金」為被動式追蹤指數的基金，有些「指數型基金」會被證券化，並且在證交所掛牌，此種可以用股票交易方式買賣的基金，被稱為「ETF」，台灣翻譯為「指數股票型基金」）。

表3-1 柏格與巴菲特，在投資界都有崇高地位

約翰・柏格與華倫・巴菲特比較

姓名	約翰・柏格	華倫・巴菲特
出生年	1929.05.08〜2019.01.16	1930.08.30〜
稱號	指數型基金之父	股神
共同點	◎1999年美國《財星》（Fortune）雜誌列為「20世紀4大投資巨人」 ◎2004年美國《時代》（Time）雜誌列為「世界百大最有影響力的人」	
重要事蹟	◎1974年創辦先鋒集團（The Vanguard Group），現為世界第二大資產管理公司 ◎1976年8月31日推出世界首檔指數型基金——First Index Investment Trust，追蹤美國標準普爾500指數（S&P 500）。此檔基金後來更名為「先鋒500指數型基金（Vanguard 500 Index Fund）」，年化報酬率11.03%（成立以來至2019.06.30） ◎巴菲特將柏格譽為「對美國一般投資人貢獻最大者」	◎1965年取得波克夏公司（Berkshire Hathaway）控制權，透過投資股票與收購公司，波克夏公司的市值呈現長期約20%的年化報酬率（從1965年至2018.12.31） ◎早期投資風格著重在「價值低估」個股，而後轉變為投資「具有長期競爭優勢」好公司 ◎2000年〜2019年，有18個年度皆高居美國《富比世》（Forbes）雜誌「全球富豪榜」的前3名

　　指數型基金的目的是「複製市場指數報酬」，指數有什麼成分股，基金就持有什麼股票，不去猜測哪一檔會勝過指數。

　　然而，柏格的指數型基金事業並非一帆風順。投資人要知道，在當時充滿「打敗大盤、選股高手、明星經理人」的基金環境中，柏格被同業嘲笑，「投資人怎麼會滿足於平均的成果呢？」

　　因此，這種開創性的基金，在當時並未得到大多數投資人的青睞，這也讓柏格創業的頭 10 幾年，形成逆風前行的狀態，因為實在是太另類了。

　　但是，柏格與 Vanguard 集團仍然持續推廣「應該追蹤市場而不是試圖戰勝市場」的觀念。隨著時間的累積，先鋒 500 指數型基金的績效不斷超越其他的共同基金，基金規模也愈來愈大。Vanguard 集團在 2008 年成為全球規模最大的基金公司，從創業到獲得普遍認同費時 34 年。

時間證明指數型基金的報酬，將勝過主動型基金

　　柏格在共同基金的改革，讓一般散戶免於被看似低比率的管理費所蒙蔽，並且獲得「付出的費用愈少，留在口袋的報酬愈多」的投資成效。

柏格在 2014 年接受《Smart 智富》月刊獨家專訪時表示，「千萬不要忽視『小小算術』的驚人力量！」柏格所說的「小小算數」，指的便是投資基金時所必須支付的管理費與佣金（包含從淨值中扣除的佣金，以及投資人申購基金所須支付的手續費）。

這些費用一般約為每年 2% ～ 3%，表面上看來占投資比重極低，但是，長期而言，成本亦呈現複利成長，使得投資人的報酬率損失得比預期還要高。

遺憾的是，這位有良知、為金融消費者著想、被眾多投資人視為精神導師的投資巨人，已經於 2019 年 1 月 16 日因為癌症而逝世於美國家中，享壽 89 歲。

有在關注巴菲特新聞的投資人，多多少少都知道，雖然巴菲特鍾愛投資個別公司，但是，他也經常向一般投資人推薦指數型投資的好處。巴菲特甚至在 2007 年向華爾街的基金業者發出挑戰書，內容是：「沒有任何高費用、高成本的避險基金組合，能夠在為期 10 年的時間，勝過低成本的指數型基金的表現。」

戰書剛發出時，華爾街一片靜悄悄的，沒人敢接戰帖。後來，終於出現唯一敢與巴菲特對賭的避險基金業者，也就是紐約一家管理 350 億美元資金的對沖基金管理公司——普羅蒂傑（Protégé），該公司挑了 5 個基金組合應戰。這可不是只有 5 檔基金喔，它們是「基金中的基金（fund of funds）」，這 5 個基金組合裡涵蓋超過 200 檔避險基金，絕對不是小樣本。

雙方約定賭期為 2008 年 1 月 1 日至 2017 年 12 月 31 日，計算收益時必須考慮所有費用和交易成本，雙方分別購買「面額 50 萬美元的零息債券」，贏家可以拿走賭桌彩池的 100 萬美元，然後賭局就開始了（他們在 2007 年 12 月分別投入 31 萬 8,250 美元購買 1 檔 10 年後到期的零息債券，到期後這檔債券的市值會變成 50 萬美元）。巴菲特說，他會發起這個賭約有兩個原因：

1. 提高捐款的槓桿： 如果 10 年後的結果如他預期，他本來打算捐給公益慈善團體（Girls Inc. of Omaha）的 31 萬 8,000 多美元，就可以放大變成 100 萬美元（連同對手輸給他的錢）。

2. **宣傳他的信念**：一個幾乎零成本、沒有經理人「選股、積極買進、賣出」的 S&P500 ETF，隨著時間的拉長，其績效將勝過大多數的投資「專家」。

賭約正式啟動後的第 1 年（2008 年），發生了金融海嘯，避險基金組合的表現強勁，贏過了巴菲特所下注的 S&P500 ETF。這消息振奮了很多等著看巴菲特出糗的人，「巴菲特老了」、「避險基金果然厲害」、「指數型基金還是不行呀」等評論層出不窮。

不過，大家別忘了，他們的賭約長達 10 年，在接下來 9 年的「每一個年度」，避險基金的績效都持續落後。

巴菲特在 2018 年年初發表的「2017 年度致波克夏股東信」中，宣布最後勝負結果：5 檔避險基金的 10 年累積總報酬率分別為 21.7%、42.3%、87.7%、2.8% 與 27%，而 S&P500 ETF 則為 125.8%。5 檔避險基金的 10 年年化報酬率分別為 2.0%、3.6%、6.5%、0.3%、2.4%，而 S&P500 ETF 則為 8.5%，指數化投資明顯大勝避險基金（詳見表 3-2）。

巴菲特贏得了這個賭局，並且拿走賭桌彩池中的 100 萬美元，同時依照 10 年前的約定，將彩金捐給公益慈善團體。巴菲特強調，這 10 年之間股市沒有發生什麼反常、脫離常軌的事。如果在 2007 年找一群股市「專家」，問他們對於股市長期年化報酬率的預測，他們的猜測數字可能是接近 8.5%，而這也正是 S&P 500 指數的實際年化報酬率。

在這樣的環境賺錢是很容易的，但是，實際上許多華爾街的顧問或專家，卻繳出了讓人失望的總成績。明明是繁榮昌盛的時代，許多投資人卻經歷了「失落的 10 年」，「績效」來來去去、有好有壞，唯獨「費用」永遠不會變少。

股神巴菲特認證，投資獲利的關鍵字：簡單

巴菲特表示，從這 10 年之賭可以學到，投資最重要的就是：簡單，也就是避免「好動」。過去 10 年間（2008 年～ 2017 年），避險基金組合中超過 200 位避險基金的經理人，肯定執行超過上萬次的「買進賣出」，而每一次「進出場」的決定，每位經理人肯定都很努力，而且都相信這

表3-2 S&P500 ETF績效大勝避險基金

S&P500 ETF與避險基金之績效表現

報酬率類型		避險基金					S&P500 ETF
年度報酬率(%)	年度	組合A	組合B	組合C	組合D	組合E	
	2008	-16.5	-22.3	-21.3	-29.3	-30.1	-37.0
	2009	11.3	14.5	21.4	16.5	16.8	26.6
	2010	5.9	6.8	13.3	4.9	11.9	15.1
	2011	-6.3	-1.3	5.9	-6.3	-2.8	2.1
	2012	3.4	9.6	5.7	6.2	9.1	16.0
	2013	10.5	15.2	8.8	14.2	14.4	32.3
	2014	4.7	4.0	18.9	0.7	-2.1	13.6
	2015	1.6	2.5	5.4	1.4	-5.0	1.4
	2016	-3.2	1.9	-1.7	2.5	4.4	11.9
	2017	12.2	10.6	15.6	N/A	18.0	21.8
總報酬率 (%)		21.7	42.3	87.7	2.8	27.0	125.8
年化報酬率 (%)		2.0	3.6	6.5	0.3	2.4	8.5

註：依照10年之賭的約定，這5個避險基金組合不公布真實名稱，只用A、B、C、D、E代替，但是它們的年報會提供給巴菲特，其中，因為基金D在2017年已經清算，所以績效以9年計算
資料來源：波克夏年報──2017年度致股東信

個決策可以證明是有利的。然而，數字會説話，單純地「買進並持有」整體指數，打敗了上述超過 200 位避險基金經理人。

　　讓巴菲特打贏這場 10 年之賭所使用的 ETF，不是別的，正是柏格創立的 Vanguard S&P500 ETF（VOO.US），因此，柏格才會說：「（身為創辦人）我只是 Vanguard 基金的第二號推銷員，我們的第一號推銷員是誰？是巴菲特。」

　　下次遇到有人教你要購買特定策略的高費用基金，或者覺得自己很會選股、很會抓進出場點，可以請他看這張 10 年之賭的表格，然後問他是否也願意拿出 50 萬美元與低成本指數型基金對賭，證明他的看法？如果他願意，請告訴我，10 年後我們一起見真章。

長期投資股市指數
一定能賺錢

　　幾年前，我偶然讀到暢銷作家怪老子的部落格文章〈長期投資股票一定賺〉（編按：2006 年 7 月 31 日刊登於「怪老子理財」網站），那篇文章讓我相當震撼！怪老子以各國股市指數為例，這些國家的股市指數都長達數十年、甚至是百年的歷史，然而「目前沒有一個指數低於成立時的基期」。換言之，長期投資股市指數一定都賺錢！

即使經歷重大股災，指數的長期表現仍然優異

　　原因其實很簡單，但是我之前從來沒想過，總是對股市抱有恐懼感。之後我花了不少時間查閱資料，整理出除了台灣之外，美國、英國、德國、法國、日本等國家股市成立以來的長期報酬率（詳見表 3-3）。

　　這些國家的股市指數，成立時的基期有的是 100 點（例如：台灣）、有的是 1,000 點（例如：英國、法國、德國）、

有的是 10 點。無論基期是多少，統計到 2018 年年底為止，沒有任何一個國家的股市指數低於基期。既然每個股市指數都高於基期，代表你長期投資這些國家的股市指數一定都賺錢，而且愈早投入，賺得愈多。

假如期初投入 100 萬元，持有到 2018 年年底，會有什麼結果呢？根據表 3-3 的統計，最少能變成 400 多萬元（法國 CAC 40 指數），然後依序是 600 多萬元（英國富時 100 指數）、1,000 多萬元（德國 DAX 指數）。

也有變成 9,000 多萬元的台灣加權股價指數、1 億 1,000 多萬元的日本日經 225 指數；甚至能累積到 2 億 5,000 多萬元（美國標準普爾 500 指數），最高則是逼進 5 億 7,000 萬元（美國道瓊工業平均指數）。基本上，指數計算時間愈長，累積的結果愈好，套句金融業常見的推銷用語：「活得愈久，領得愈多」。

以指數計算期間來看，最短的都逾 30 年（例如：德國 DAX 指數、法國 CAC 40 指數、英國富時（FTSE）100 指數），這幾十年間的股市都風平浪靜嗎？不是的。上述

表3-3 **全球主要股市的年化報酬率約5%～9%**
7檔國際主要股市自成立以來變化

主要國家 與股市指數	基期指數 （點）	收盤指數 （點）	期間 （年）	投資成果 （萬元）	年化報酬率 （％）
美國道瓊工業 平均指數	40.94	23,327.46	122	56,980	5.34
美國標普500 指數	10.00	2,506.85	75	25,069	7.64
英國富時100 指數	1,000.00	6,728.10	35	673	5.60
德國DAX指數	1,000.00	10,558.96	31	1,056	7.90
法國CAC40 指數	1,000.00	4,730.69	31	473	5.14
日本日經225 指數	176.21	20,014.77	69	11,358	7.10
台灣加權 股價指數	100.00	9,727.41	52	9,727	9.20

註：1. 基期編製時間：道瓊工業平均指數為 1896.05.26、標普 500 指數於 1957 年開始
編製，以 1941 年～ 1943 年為基期，本表計算以 1944 年～ 2018 年共計 75 年、
富時 100 指數為 1983 年、DAX 指數為 1987 年、CAC 40 指數為 1987 年、日經
225 指數為 1949.05.16、台股加權指數為 1966 年；2. 收盤指數為 2018 年年底數
據；3. 投資成果一律假設於期初投入新台幣 100 萬元
資料來源：各指數編製公司官網

所有指數都經歷過 1990 年代的波斯灣戰爭與亞洲金融風
暴、2000 年的網路科技泡沫化、2001 年的 911 恐怖攻
擊、2003 年的亞洲 SARS 危機、2007 年～ 2008 年次
級房貸所引發的金融海嘯、2011 年的歐債危機、2016

年的英國脫歐,以及 2018 年～ 2019 年的中美貿易戰爭
等。

成立時間更早的美國道瓊工業平均指數,還經歷了
1910 年代的第一次世界大戰、1930 年代～ 1940 年代
的第二次世界大戰、1950 年代的韓戰與越戰、1970 年
代的兩次石油危機、1980 年代的美蘇冷戰等。這些年代
都發生過區域性或全球性的戰爭、金融危機、國家經濟困
境,而且每一次都引起大規模的股災。即使經歷了這些股
市大幅下跌的年度,時至今日,道瓊工業平均指數仍舊累
積出如此豐碩的成果。

因為指數計算的年數差距甚大,所以只看累積報酬率並
不準確,我們可以換算成一致性的標準來比較,也就是
「年化報酬率」,也可以稱為年複合成長率(Compound
Annual Growth Rate,簡稱 CAGR),由表 3-3 可知,這
7 檔指數的年化報酬率大約介於 5% ～ 9% 之間。

再複習一次年化報酬率的意思,它指的是「以複利成長
的平均報酬率」。以美國道瓊工業平均指數為例,122 年

期間的年化報酬率 5.34%，代表在這 122 年期間，這檔指數每年以 5.34% 的幅度往上成長。

如果想用計算機證明這個結果，只要將一開始的基期指數作為基準，按下「40.94×1.0534×1.0534×……（連續乘 122 次）」，或者是打開 Excel 軟體，輸入「=40.94 * (1+5.34%)^122」，就會得到約「23,327」的結果。

年化報酬率是一種「幾何平均數」，意思是說，要達到最後的結果，平均每年至少要達到多少的報酬率，但是，也不代表每年的報酬率都剛剛好一樣。例如：年化報酬率 5.34%，不等於每一年都剛剛好 5.34%。而是有的年度 10%、15%；有的年度 5%、3%，甚至偶爾是負報酬的 -20%、-30%。

以棒球來比喻，某位打擊者 10 年來平均打擊率為 3 成，不代表他每一年的打擊率都剛剛好是 3 成，而是有的年度 3 成 5、有的年度 2 成 7、有的年度 3 成 1，平均起來為 3 成。只是這裡舉例的棒球打擊率是「算術平均數」，是

直接將數據總和除以年數;而投資報酬率的「幾何平均數」則是一種成長率的概念,請大家務必要釐清當中的差別。

透過指數型基金,小資族也能參與指數報酬

既然知道了長期投資股市指數會賺錢,那麼應該如何賺取股市指數的報酬呢?有兩種方法:

方法 1》自行依照股市權重買進所有成分股

以美國的 S&P 500 指數為例,共有 500 檔個股,你可以依照權重 1 檔檔買進。根據 2019 年 7 月 11 日的數據,占指數權重由高而低的股票依序是微軟(Microsoft Corporation)占 4.26%、蘋果(Apple Inc.)占 3.54%、亞馬遜(Amazon.com Inc.)占 3.32%、臉書(Facebook Inc.)占 1.94%、波克夏(Berkshire Hathaway Inc.)占 1.66%。假如指數成分股有調整,就賣掉被剔除的股票,買進新增的成分股。

買進 500 檔個股,對一般投資人是耗時又難以管理的投資組合,更困難的是:投入金額要依權重占比買進,才會

得到與指數相同的報酬，如果只是單純每一檔投入相同金額會有大幅的偏差。

方法 2》使用指數化投資工具

你也可以選擇買進 1 檔基金就等於買進整體指數的做法，而且基金經理人會依照成分股來調整權重，不必你自己動手，股神巴菲特（Warren Buffett）已經多次推薦用這個方法存退休金。

「該如何存退休金呢？」在股東會或專訪時遇到這個問題，無論求教的對象是 NBA 球員詹姆士（LeBron James）或一般上班族，巴菲特的答案都一樣：「每個月定期投入一些資金買進低成本的指數型基金，等於是買進一小部分的美國。不論股市漲或跌，你就是要持續每個月都買，然後持有不賣出。這樣你不會買到最低點，也不會買到最高點，你的買進成本是平均值。如此持續 30 年、40 年後，等於參與股市指數的長期上漲，你的回報肯定不錯，會隨著時間增值。」

講到這邊，讀者可以想一想：巴菲特所說的方法跟我們

第 2 課介紹的「生命週期理財法」（相關內容詳見第 101 頁）是不是很像呢？有工作收入的累積期，每個月投入薪水的一小部分到你的「大水庫」；年滿 65 歲退休後不再有收入的提領期，再每個月提領一小桶水出來用。

巴菲特認為，「整體來說，美國的企業表現一直都很好。短期股價有漲有跌，但是長期來看大多是成長的。最好的投資標的是，一個涵蓋市場範圍很廣的 S&P 500 指數，最好的買進點是，用很長一段時間『持續』累積持股。投資『指數型基金』便不需要選擇特定企業，而是投資『所有企業』的綜合表現。長期來看，這會是很好的選擇，而且與一般共同基金相比，它的成本非常低。共同基金在制度上的漏洞，導致投資報酬率時常落後大盤，與其投資高成本的共同基金，低成本的指數型基金會是更好的選擇。」

巴菲特說到做到，雖然他名下的波克夏股票要捐給慈善機構，但是他仍然留給太太一筆遺產信託基金。他所做出的信託指示，就是將大多數資金投資在低成本的指數型基金。他表示，「我的現金遺產將贈與給我老婆為受益人的信託基金。我對這個基金的建議簡單到不能再簡單：10%

配置在短期政府債券、90% 配置在低成本的 S&P 500 指數型基金（編按：巴菲特建議，選擇先鋒基金公司的指數型基金）。我相信這檔指數型基金的長期績效將會非常傑出，甚至比聘請高薪經理人的基金更好。」

簡言之，假如你跟巴菲特一樣是位「理性樂觀派」的投資人，並且相信人類的文明會持續下去、全球整體經濟會持續成長，那麼你也有理由相信全球股市指數長期（30 年以上）來看會繼續上漲（只是上漲過程會經歷大大小小的波動）。那麼，使用低成本的指數化投資工具買進股票，等於買進整體股市的一小塊，是參與股市、積存退休金的好方法（巴菲特所推薦指數化投資的歷年紀錄，詳見〈附錄 1〉）。

挑指數化投資工具 2 原則：
費用低廉、範圍廣泛

如果你對「透過投資組合賺取股市指數的報酬」產生興趣了，接下來，面對的問題就是「應該選擇哪一種投資工具」？最簡單的方法就是買進「基金」，不過，基金種類琳琅滿目，有主動型的「共同基金」，也有被動型的「指數型基金」（詳見表 3-4）。投資人應該怎麼選？

以我而言，既然要長期投資，最關心的就是「報酬率」與「風險」；而我只需要取得跟整體股市相同的績效即可。在此前提下，我當然希望所付出的費用愈低愈好，同時又盡可能地分散風險，就算投資組合中有一家公司出事，也不會對整體的資產造成衝擊。因此，我所選擇的投資工具，一定要符合「費用低廉」、「範圍廣泛」兩項原則：

費用低廉》低內扣總開銷又能貼近指數

我們經常看到許多主動型基金用「過去績效」與「近期

表3-4 指數型基金與ETF都屬於被動式投資

共同基金、指數型基金、ETF之比較

基金類型	投資類型	交易方式
共同基金	主動式投資	必須向基金公司（即為台灣的投信公司）或有銷售基金的平台申購
指數型基金	被動式投資	必須向基金公司（即為台灣的投信公司）或有銷售基金的平台申購
指數股票型基金（ETF）	被動式投資	即為證券化的指數型基金，可以在股票市場交易

大漲」當成銷售賣點，例如：去年績效 20%、最近 3 個月大漲 15% 等，這種看似有道理的「過去績效」，其實並不等於獲利的保證，理由有 2 個：

理由 1》過去績效不代表未來績效

去年績效前 10 名的基金，今年、明年不見得會繼續名列前茅，我們永遠無法「事先預測」哪一檔基金今年會持續表現卓越。

理由 2》基金報酬率佳，卻遜於大盤

例如去年績效 20% 看似很好，但是，如果跟市場指數比較，有可能市場指數的表現高達 30%，你還會覺得只繳出

20% 報酬率的基金是好選擇嗎？

　　根據美國 2018 年所公布的《SPIVA 2017》報告（詳見知識補給站），高費用的主動型基金長期持有 15 年的績效，落後市場的比率高達 90%！也就是說，只有 10% 的主動型基金贏過市場指數。

　　同樣的邏輯：你無法事先知道究竟哪檔基金是那幸運的 10%，能夠勝過市場指數。與其賭運氣猜測表現在前 10% 的優秀基金，為什麼不乾脆直接複製市場的報酬呢？至少可以勝過其餘 90% 的基金。

　　一般來說，依靠基金經理人「主動選股」、「擇時進出」的主動型基金（即共同基金），都是策略型基金，「內扣總開銷（或稱內扣費用，為基金公司直接從基金淨值中扣除各式費用）」都比指數型基金來得高。

　　上述的「SPIVA」報告證明了：基金投資人多支付的費用，並沒有帶來比較高的報酬；費用相對低廉的指數型基金，績效反而勝過 90% 的主動型基金。股神巴菲特（Warren

SPIVA 揭露主動式投資與指數投資績效

「SPIVA」是 S&P Indices Versus Active 的縮寫,它是標準普爾指數編製公司所整理的「指數化投資 vs. 主動式投資」比較報告,2018 年所公布的報告是截止於 2017 年的數據。

《SPIVA 2017》 網 址:us.spindices.com/documents/spiva/spiva-us-year-end-2017.pdf

Buffett)也曾經多次說過:「共同基金的投資報酬率時常落後大盤,低成本的指數型基金會是更好的選擇。」因此,如果要預測基金的「未來績效」,最好的指標應該是基金的「內扣總開銷」。「內扣總開銷」愈低,投資人留在口袋的報酬就愈多,投資績效也就愈好。

我要強調一點,基金的「內扣總開銷」不是只有經理費而已,還包括保管費、會計師簽證費、法律顧問費等。美國規定,基金必須完整揭露上述的全部費用,因此,投資人到基金公司的網站上就能查得到,公開又透明。台灣的主管機關只要求基金公司揭露經理費就好,投資人如果想

表3-5 ETF雖然報酬有限，但是能分散風險

投資台灣個股與ETF差異

投資方式	個股	ETF
標的	台積電（2330）、鴻海（2317）、中華電（2412）、台塑化（6505）、玉山金（2884）等	元大台灣50（0050）等
優點	屬於主動式投資，如果挑選具有高度成長性的個股，可能會獲得優於大盤（台灣加權股價指數）的績效	屬於被動式投資，布局在台灣上市公司前50大權值股，風險較為分散。投資人不必自行管理單一股票的交易，只需要長期投資，即能獲得貼近大盤的績效
缺點	一旦挑錯，績效可能不如大盤，而且必須承擔個股的風險；需要自行關注個股的表現，以做出適當的買賣策略	比較難創造超越大盤的報酬

知道「內扣總開銷」，得要自行閱讀數十頁，甚至是上百頁的公開說明書。

範圍廣泛》投資範圍愈大，風險分散效果愈好

投資的另一個重要原則是：你應該盡可能的分散風險。投資組合的涵蓋範圍愈大、風險分散的效果愈好，例如買

表3-6 產業基金具週期性，選錯恐面臨虧損
投資海外產業基金與ETF差異

投資方式	產業基金	ETF
標的	礦業、天然資源、網路資訊、生物科技、金磚四國、新興市場等多檔基金	先鋒全球股票ETF（VT）
優點	如果正好選到具有高度成長性產業，有機會獲得優於全球股市平均表現的績效	投資於上千檔各國股票，風險極度分散，長期持有約可獲得接近於全球股市的平均報酬
缺點	單一產業有其景氣循環週期，如果選錯產業或資金配置不當，恐獲得低於全球股市表現的績效，甚至會面臨虧損	比較難創造超越全球股市的平均表現

進幾檔個股與買進整體股市比起來，前者的風險明顯比較集中，後者相對來說風險比較分散（詳見表 3-5）。另外，以投資主動型基金來說，單一產業的電子工業基金、金融產業基金、天然資源基金等，與橫跨所有產業的綜合型基金比起來，後者的風險也是比較分散（詳見表 3-6）。

巴菲特是美國人，他選擇用先鋒（Vanguard）發行的S&P500 ETF（VOO.US）來參與美國前 500 大企業的長

期成長。身在台灣的我們，如果只想投資台股，也可以使用追蹤台灣 50 指數的 ETF，例如：元大台灣 50（0050），來取得台股的市場報酬。

以單一國家的範圍內來看，前述 2 檔 ETF（指數股票型基金）都是風險分散且低成本的好工具，只是一個投資美國、一個投資台灣。然而，放眼全球股市，只投資單一國家的股市是分散還是集中呢？

美股的市值約占全球股市的 50%，而台股只占全球股市的 1% ～ 2%，如果同時投資美國與台灣，投資人只有參與全球股市約 52% 的比重，還有另外 48% 都沒有參與到！

台股市值約新台幣 32 兆，以台積電占比最大

美國華爾街評斷股票規模都是使用「市值」，指的是「已發行股數乘以市價」，翻譯成白話文就是「用市價賣掉全部股數，總共價值多少錢？」例如：台灣上市公司的整體市值共約新台幣 32 兆 4,000 億元（資料統計至 2019.06.28），其中占比第 1 名是台積電（2330），

市值共 6 兆元、第 2 名的鴻海（2317）與第 3 名的台塑化（6505）分別都是 1 兆多元。

而全球股票市場依照市值大小與地理位置、國家發展程度，大致可以分為四大區── 3 個成熟市場：北美、成熟歐洲、成熟亞洲太平洋，以及 1 個新興市場（詳見圖 3-1）。

「北美」以美國為主，不包含中南美洲國家；「成熟歐洲」主要包括德國、英國、法國等國家；「成熟亞洲太平洋」又簡稱成熟亞太，主要包括日本、新加坡、澳洲、紐西蘭等國家。

成熟市場當中的國家，看起來都是國民所得高、法治程度高、有錢人會想移民的地方；「新興市場」則是不屬於三大成熟市場的區域，主要包括中國、台灣、巴西、俄羅斯、印度、南非等發展中國家。

從圖 3-1 可以得知，美國股市的市值占了全球的一半。新興市場包括中國、俄羅斯、印度、巴西等所謂的「金磚四國」，土地面積加起來贏過美國，但是，它們的股票市值，

圖3-1 全球4大投資區域中，北美市值占55%

全球4大投資區域之國家與市值占比

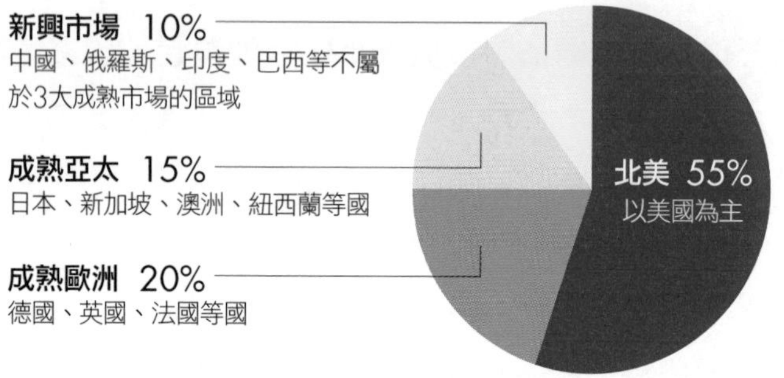

新興市場 10%
中國、俄羅斯、印度、巴西等不屬
於3大成熟市場的區域

成熟亞太 15%
日本、新加坡、澳洲、紐西蘭等國

成熟歐洲 20%
德國、英國、法國等國

北美 55%
以美國為主

註：1. 資料日期為 2019.06.30；2. 本表資料主要來自 Vanguard 的 VT 全球股票基金與其追蹤的 FTSE 全球指數（FTSE Global All Cap Index）之投資區域比重。由於全球股票市值會隨時變動，因此，根據長期觀察，北美占比通常在 50%～55%、成熟歐洲占比通常在 20%～25%

資料來源：Vanguard、FTSE

合計還不到全球的 10%。然而，許多投資人專注於投資新興市場的基金，這代表什麼意思呢？代表這些投資人很可能因此「錯過」另外 90% 市值的股市報酬。

投資人要怎麼做才不會錯過任何一個分區呢？其實很簡單：買下所有分區。只要買 1 檔涵蓋全球四大分區的股票型基金就可以了，例如：先鋒集團旗下有 1 檔先鋒全球股

表3-7 投資先鋒全球股票ETF，等於投資全球

美國與台灣主要指數化投資工具比較

投資範圍	基金公司	標的名稱股票代碼	持有股票數量（檔）	規模（億美元）	內扣總費用率（％）
全球股市	Vanguard	先鋒全球股票ETF（VT.US）	8,228	175	0.09
美國股市	Vanguard	先鋒S&P500 ETF（VOO.US）	509	4,832	0.03
台灣股市	元大投信	元大台灣50（0050）	50	44	0.44

註：資料日期為 2019.06.30　　資料來源：Vanguard、元大投信

票 ETF（VT.US）就符合條件。截至 2019 年 6 月底，該檔 ETF 的規模高達 175 億美元，所持有的股票數量為 8,228 檔（詳見表 3-7）。

指數型基金與 ETF 皆為基金，但 ETF 可在股市交易

指數化投資的工具有兩種：指數型基金與 ETF。指數型基金發明在先、ETF 發明在後。很多讀者分不清楚兩者的差別，其實它們都是被動式投資於指數的「基金」，也都是由基金公司所成立；只是前者要透過基金平台（例如基金

公司或銀行等）申購或贖回；後者是一種證券化的基金商品，投資人可以在股票市場買進或賣出。

美國的先鋒集團是全球指數化投資工具的開創者與領導者，它有發行指數型基金，也有發行 ETF。而台灣的投信公司也是一樣，例如最知名的元大投信，有發行指數型基金，也有發行 ETF。投資人可以透過基金平台，申購元大台灣卓越 50 基金，也可以在股票市場買進 ETF ——元大台灣50。

指數化投資要遵照一個原則，也就是「全市場指數優先，涵蓋範圍愈大愈好」；最理想的是取得全市場的報酬，如果沒有很好的全市場指數投資工具，才用大型股指數投資工具。目前在台灣尚未發行全球型的指數化投資工具，想投資全球股市的投資人，只能向國外的基金公司購買。然而，美國規定非美國公民不得直接投資美國的基金，ETF 則沒有限制；因此，沒有美國公民資格的台灣民眾，只能選擇美股 ETF 來參與全球指數化投資。

我建議的基金公司首選跟巴菲特一樣，也就是柏格創立

表3-8 想要賺到市場報酬，最好選擇正統ETF

貼近市場報酬的ETF

投資區域	ETF舉例	
	名稱	投資範圍
全球股票：全市場（大型股＋中型股＋小型股）	Vanguard Total World Stock ETF（VT）	全球成熟國家＋新興國家，追蹤FTSE Global All Cap Index
區域股票：全市場	Vanguard FTSE Europe ETF（VGK）	成熟歐洲國家，追蹤FTSE Developed Europe All Cap Index
	Vanguard FTSE Pacific ETF（VPL）	成熟亞太國家，追蹤FTSE Developed Asia Pacific All Cap Index
	Vanguard FTSE Emerging Markets ETF（VWO）	全球新興國家，追蹤FTSE Emerging Markets All Cap China A Inclusion Index
單一國家：全市場	Vanguard Total Stock Market ETF（VTI）	美國全市場，追蹤CRSP US Total Market Index
單一國家：大型股	Vanguard S&P 500 ETF（VOO）	追蹤美國S&P 500指數

資料來源：Vanguard

的先鋒集團旗下的全球股票 ETF（詳見表 3-8）。台灣民眾需要開立「美股證券戶」才能交易，可以透過台灣券商的複委託，或自行向美國券商申請開戶。

表3-9 **策略型ETF的報酬,不見得與市場貼近**
不保證取得市場報酬的ETF

投資類型	ETF	
	名稱	投資範圍
策略型、小範圍	元大高股息(0056)	追蹤台灣高股息指數
	元大中型100(0051)	追蹤台灣中型100指數
	兆豐藍籌30(00690)	追蹤台灣藍籌30指數
	富邦公司治理(00692)	追蹤台灣公司治理100指數
槓桿型	元大台灣50正2(00631L)	追求台灣50指數的單日倍數報酬率
反向型	元大台灣50反1(00632R)	追求台灣50指數的單日反向報酬率

資料來源:台灣證券交易所

如果不想那麼麻煩,只好退而求其次,買進代表台股大型股指數工具的 ETF,例如:台灣證交所掛牌的元大台灣50,只要開立「台股證券戶」就能夠買賣了。

要注意的是,近年基金公司所推出的 ETF,種類愈來愈多,但是,有些 ETF 並不屬於上述的正統指數化投資工具,反而是追蹤特殊策略的指數,只能說是主動型基金的 ETF 版本。

這些特定策略型的 ETF，有些是涵蓋範圍很小的單一產業或特定商品，例如：強調高股息、公司治理等主題的 ETF，就不保證貼近市場報酬。

另外，還有一些是槓桿型、反向型的 ETF，只是短線投機的工具，不適合長期持有。特殊 ETF 的持有成本通常比較高，都不是我倡導的真正低成本的指數化投資工具，摘要舉例如表 3-9，提供給各位投資人參考。

具備信心與耐心
年化報酬率 6% 不是夢

或許部分投資人會有疑問,我們在第 2 課介紹「DIY 自己的月退俸」(相關內容詳見第 106 頁)時,教大家在退休前,利用年化報酬率 6% 的工具,累積退休金,但是,真的有這麼穩定的投資工具嗎?

我先強調一點:過去績效不代表未來績效,沒人能夠保證未來的報酬率是多少;但是,透過低成本的指數化投資工具,買進全球股市或你居住國家的整體股市,並且長期持有 10 年、30 年以上,我相信機會是很大的。

「享受整體國家生產力的果實」在過去幾千年的人類歷史上,只有皇室貴族、富商巨賈能參與,而現代社會的一般民眾也能利用指數化投資工具來參一腳,我們可以說是人類史上最幸運的一代。

由於涵蓋全球股市的先鋒全球股票 ETF(Vanguard Total

World Stock ETF，以下簡稱 VT）的成立時間，比涵蓋台灣股市的元大台灣 50（0050）晚了 5 年；為了有更長的觀察期，我用 0050 的「滾動報酬」來回答「取得年化報酬率 6%」的問題。

計算滾動報酬可以平滑進場點位的極端值

「滾動報酬（Rolling Return）」或稱「滾動回報」，每個數值都代表同樣長度時間的報酬率。例如：「15 年的滾動報酬」，就是每 15 年為一個區間，第 1 年至第 15 年、第 2 年至第 16 年、第 3 年至第 17 年，依此類推，每個數值都是持續 15 年的績效，這樣可以平滑掉剛好在低點進場或剛好在高點進場的極端狀況。

我們來試算元大台灣 50 從 2003 年 6 月 30 日掛牌以來，15 年來的表現。試算條件為：

1. 每個區間皆以當期第一個交易日投入 100 萬元，以收盤價買進元大台灣 50，買進之後都不賣出（買進股數採小數點以下無條件捨去至整數，未計交易手續費與稅負）。

2. 持有期間拿到的現金股利，都在股利配發日當天，以收盤價滾入再投資（元大台灣 50 於 2005 年開始每年配息，2017 年起改為每年配息 2 次）。

3.「每隔半年」計算一次，例如以 15 年為計算區間，統計到 2018 年 12 月底為止，會產生「2003 年 6 月底到 2018 年 6 月底」、「2003 年 12 月底到 2018 年 12 月底」2 組資料；前者即代表「2003 年 6 月底以 100 萬元買進，期間配息再投入，直到 2018 年 6 月底共 15 年」，後者則為「2003 年 12 月底以 100 萬元買進，期間配息再投入，直到 2018 年 12 月底共 15 年」。

根據上述條件，可以分別計算出投資於元大台灣 50，在 10 年、12 年、15 年，這 3 個不同時間尺度的累積市值（詳見圖 3-2）以及滾動報酬（詳見表 3-10）。我們從試算結果可以發現 2 個重點：

重點 1》持有期間愈長，累積市值愈高

隨著持有期間愈長，平均總市值、總報酬率都愈高。一樣投入 100 萬元，持有 10 年後，平均會變成 200 萬

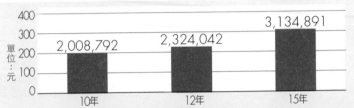

圖3-2 投資元大台灣50，15年共累積313萬元

100萬元投資元大台灣50（0050）的累積市值

單位：元

400
300
200
100
0

2,008,792（10年）　2,324,042（12年）　3,134,891（15年）

註：1. 本圖為 100 萬元投資於元大台灣 50 之累積市值；2. 市值皆以 2018 年最後一個交易日「收盤價乘以累積股數」計算

表3-10 0050滾動期間的年化報酬平均達7%

100萬元投資元大台灣50（0050）的滾動報酬

滾動報酬期間	投入本金（元）	累積平均總市值（元）	累積平均報酬率（%）	年化報酬率（元）	資料筆數（筆）	總報酬率高低區間（%）
10年	100萬	200萬8,792	100.88	7.10	12	71.67～205.37
12年	100萬	232萬4,042	132.40	7.23	8	92.65～175.40
15年	100萬	313萬4,891	213.49	7.85	2	169.64～257.34

8,792 元；持有 12 年後，平均會變成 232 萬 4,042 元；持有 15 年後，平均會變成 313 萬 4,891 元。10 年、12 年、15 年的總報酬率分別為 100.88%，132.40%，

213.49%（這些數據分別是 12 筆、8 筆、2 筆資料的平均值）。

重點 2》年化報酬率皆達到 7% 以上

去除「時間長度累積」因素的年化報酬率，10 年、12 年、15 年，分別是 7.10%，7.23%，7.85%。也就是說，自元大台灣 50 掛牌以來，投資人無論在何時買進，只要持有時間長達 10 年以上，平均約可以獲得 7% 以上的年化報酬率。

上述試算是「買進並持有」就能取得的總報酬，期間只需要把股息滾入再投資，然後放著不動，就是這麼簡單，不必頻繁地進出市場，只要具備「信心與耐心」，不離開市場，就能取得市場報酬；換句話說，中途離開的投資人，就無法取得完整的市場報酬。

我們利用過去 15 年年化報酬率 7% 的指數化投資工具，希望取得未來 6% 年化報酬率，有點類似「過去 15 年平均成績 70 分的同學，希望未來 15 年平均成績 60 分以上」。回到本文一開始的問題，想要利用 6% 年化報酬率打造自

己未來的月退俸，各位讀者是不是開始有信心了呢？當然，我要再三強調，「過去績效不代表未來績效」。為了避免將資金單獨壓在台灣市場，我同時採用 VT 跟元大台灣 50 來存自己的退休金，因為我相信這是取得全球、台灣股市平均報酬的最佳工具。

2 大熱門高配息商品並非獲利保證

　　長期投資是為了讓資產愈來愈多，即使有領到配息，也要把配息再滾入投資，才能有理想的複利效果。

　　坦白說，長期投資的過程，是相當無趣的。如果只投資 1 年、2 年，很可能會看到相當平淡的績效；甚至在股市空頭時，還會看到帳上出現虧損。況且以元大台灣 50（0050）來說，由於每股配息的金額不高，因此投資人難免會想：「如果領到的配息多一點，我就有更多錢再滾入投資，累積資產的速度不是更快嗎？」

　　問題來了，高配息真的等於高報酬嗎？在台灣，有兩種高配息投資工具很受歡迎：月配息的高收益債基金與高股息 ETF（指數股票型基金）。

　　前者是銀行通路的暢銷商品，基金持有標的是「高收益債」；後者是證券通路的熱門標的，最知名的是元大投信

所發行的元大高股息（0056），持有標的是 30 檔「高股息」股票。我們就來看看這兩種商品到底投資了什麼標的？真的適合一般人長期持有嗎？

高收益債基金》持有一籃子信用較差的債券

首先來了解「高收益債基金」。大家聽到「債券」，往往覺得很穩健，誤以為跟美國政府公債相似，或者跟定存一樣，「本金 100% 保本不會減少，然後又可以每個月領息」，感覺好棒喔！

真的是這樣嗎？依照發行機構的類別，債券可以簡單分為「政府公債」與「公司債」兩種。政府公債又可以分為成熟國家公債與新興國家公債，後者的信用評等比前者差，債券違約率相對較高，因此必須提供較高的債息，才能吸引投資人投資。

公司債主要根據信用評等分為兩種：投資級公司債與非投資級公司債。前者的信用評等在前段班、後者則是信用評等較差，因此又被稱高收益債或垃圾債，它跟美國政府

擔保的「公」債,是完全不一樣的(政府公債根據國家的主權信用評等,也有優劣之分,例如:美國就是信用評等在前段班的國家)。

任何公司都有可能發生債券違約(倒債)、破產、倒閉,而信用評等差的公司更容易發生;而高收益債基金,主要就是持有這類信用評等較差的債券。由於這類債券收不回本金的風險較高,因此,一旦發生債券違約,就會導致基金淨值下跌。

信用評等差的公司為了順利借到錢,只好提供比投資級債更高的債息。那為什麼很少聽到「垃圾債」,只聽到「高收益債」呢?各位想想看,如果直接用垃圾債的名稱放在銀行櫃台販售,有幾個投資人願意買呢?

高收益債的本質在於,它的高債息就是利用「高倒債機率」換來的,這是一體的兩面,買進之前,投資人就應該同時知道這兩種特質。但是,投資人往往只看到光鮮亮麗的表象(高債息),而不知道背後黑暗的一面(高倒債機率)。

知識補給站　　**什麼是債券基金的債息？**

政府或公司發行的「債券」，目的是籌資。債券持有人可以在持有期間，定期領到約定的利息，即為「債息」；直到債券到期日那天，可以領回本金與最後一期的債息。基金公司發行的債券基金，則是集合投資人的資金，買進多檔債券；當所持有債券發放利息，債券基金扣掉必要費用後，就會按比率發放給基金投資人。

　　有一位長輩，曾經拿了她的銀行基金對帳單給我看——這是 1 檔月配息債券基金，投資本金 100 萬元，年配息率 6%，本金報酬率是 -37%，只投資了大約 1 年。就算把領到的配息考慮進去，總報酬率仍然是 -31%，總市值只剩下 69 萬元。

　　「它有配我 6% 的利息，比定存高很多耶！」

　　「可是您的本金虧損 37%，也比定存賠很多耶！」

　　「但是，銀行賣給我的時候，跟我說這個月配息基金很穩呀。」長輩充滿疑惑地說。

　　我跟她解釋，這就好比妳買一間房子要當包租婆，投入本金 100 萬元。1 年後共收取房租 6 萬元，然後房價下跌 37%，房子市值剩下 63 萬元。1 年能收到 6 萬元是沒錯，可是這 1 年卻總共虧損了 31%，原本的 100 萬元現在只值 69 萬元（房子市值＋ 1 年房租）。長輩這才聽明白，原來她的基金配息率雖然高，但是基金本身價值跌了更多，導致這筆投資產生了很大的虧損。

　　所謂的總報酬，我們第 2 課解釋過，是「價差＋配息＋配息再投資」，有點類似買房收租，「房價的價差漲跌＋房租收入＋將房租再投資」的總和。任何投資都不能只看配息，而忽略本金可能的變化。

高股息 ETF》長期績效其實落後整體市場

　　再來看看另一個熱門的高配息商品。我身邊的股票族中，最受歡迎的 ETF 標的就是「元大高股息」，名稱聽起來就很吸引人。

　　這檔 ETF 成立於 2007 年 12 月 13 日，是從台灣 50 指

數與台灣中型 100 指數，總共 150 檔成分股中，選取「未來 1 年預測現金股利率最高」的 30 檔股票。

我們就來試算，元大高股息與元大台灣 50 這 2 檔 ETF 的「總報酬率」。由於元大高股息的第一個完整績效年度是 2008 年，因此，試算資料期間設定為 2008 年至 2018 年年底止，共 11 個完整年度，其他條件為：

1. 每一年度皆以「前一年年底收盤價」買進 10 張，持有到當年底（例如 2007 年年底買進，算到 2008 年底）。

2. 當年度拿到的現金股利，以股利發放日當天收盤價再投入買零股。

3. 以上 2 條件的總股數，用年底收盤價計算出當年年底的總市值，再與前一年年底投入總值比較，得出總報酬率（詳見表 3-11）。

4. 上述買進股數，皆於小數點以下無條件捨去至整數，不計入稅負與交易手續費。

分析 1》高股息 ETF 不代表年年給你正報酬

從試算結果可以看到，元大高股息這 11 個完整交易的年度中，總報酬率有 8 個年度是正數、3 個年度是負數，約 1/4 年度的總報酬是虧損，也只比元大台灣 50 少了一個負數年度。這告訴我們：高股息不等於「正」報酬，而且虧損最多的一年，是金融海嘯發生的 2008 年，總報酬率是「-48%」，比元大台灣 50 的 -43% 虧得更多。

很多人會無視投資風險，把元大高股息當成「定存股」，甚至想把退休金放在這個標的，如果剛好在 2007 年年底投入 1,000 萬元的退休金，1 年後加計利息共虧損 48%，本利和只剩下 520 萬元，你覺得這還算「定存」嗎？你能承受這樣的結果嗎？許多眼中只有「高股息」3 個字的投資人，想必無法承受。如果是在虧損最嚴重時抽回資金，那可真的是損失慘重了。

元大高股息本來就不是定存，它其實是「30 檔股票」組合而成的股票型基金，我們應該知道股票的本質是：有上漲的可能，也有下跌的可能。不知道這個特質，或無法接受下跌可能的股票族，一開始就不應該投入資金。

表3-11 元大高股息近11年的報酬率低於0050

2檔台灣著名ETF年度總報酬率比較

年度	元大高股息	元大台灣50
2008	-48.20	-43.01
2009	89.23	74.91
2010	18.89	12.98
2011	-12.34	-15.63
2012	9.01	11.82
2013	5.06	11.68
2014	9.23	16.49
2015	-5.33	-6.24
2016	11.48	19.62
2017	12.48	18.05
2018	1.52	-4.95
累積總報酬率（％）	54.02	73.98
年化總報酬率（％）	4.00	5.16

註：資料時間截至 2018.12.28　資料來源：台灣證券交易所、元大投信、富聯網

分析 2》長期投資的總報酬，高股息 ETF 仍輸給市場

假如你打算用元大高股息取代元大台灣 50，認為長期累積的效果會更好，那麼你可能要失望了。因為 11 年的累積總報酬率，元大高股息只有 54.02%、元大台灣 50 卻有 73.98%。

　　換言之，假如一開始投入 100 萬元的本金，複利滾存 11 年後的本利和分別會是 154 萬 200 元與 173 萬 9,800 元，元大高股息的累積總報酬反而比較低。這就說明了，高股息不等於高報酬，「預測未來高股息」的選股策略，仍然落後給單純持有前 50 大市值股票的元大台灣 50。

　　高股息是一回事，高報酬則是另外一回事，兩者無法畫上等號，這個邏輯應該很清楚了。類似這種「特定策略」的基金或 ETF，在金融市場上比比皆是，投資人請小心別被它們的表面名稱所迷惑。我倡導的正統「指數化投資」，是追求市場指數報酬，而不是追求特定的策略指數報酬。

堅持等股市回檔才進場
恐與財富擦身而過

「指數化投資我認同，但是現在股市太高了吧？我要等跌下來再進場。」在我推廣指數化投資時，這句話是讀者與學員常見問題排行榜的第 1 名。我想引用股神巴菲特（Warren Buffett）關於股市長期上漲的看法來回答。

巴菲特是個「理性樂觀派」，無論在股東會上、媒體專訪、公開演講、致股東的公開信中，都多次表達對美國繁榮前景的信心，他的依據在於人類長期生產力的提升。

巴菲特曾經說過：「在我所經歷的年代中，美國的人均產出已經翻了 6 倍。」例如：1900 年美國農業勞動人口占全國勞動總人口的 40%，現在只占 2%，但是，主要農產品（玉米）的總產量竟然提升了 400%。

生產力提升，代表不必那麼多人耕田了，更多人口可以投入到其他的領域，例如：製造業、商業、服務業等，促

成整體社會各行各業的蓬勃發展。他在 2016 年 5 月的股東會上也提到「美國 20 年後的實質人均產值將比現在高，50 年後的人均產值則會更高。」

巴菲特還說過，美國《富比世》富豪排行榜前 400 大富豪有一個共通點：沒人是做空者，「自從美國獨立至今已經 200 多年，長期做空美股的人，都是輸家。」這些 400 大富豪，無論是白手起家自行創業、然後公司上市發行股票；或是買進已經上市的公司股票，都是依靠所投資公司製造產品或提供服務以賺進盈餘，隨著盈餘成長、股票市值增加，因此，累積大量財富。

即使在最壞的時機買股，長期持有仍可有高報酬

2018 年 5 月波克夏的股東會上，巴菲特談到自己人生第一次買股票的經驗。他說，1942 年 3 月，第二次世界大戰期間，美國的報紙盡是「日本軍隊」在太平洋戰場節節勝利的消息，整個美國充斥悲觀情緒，美國股市也萎靡不振（他也在股東會上拿出一份 1942 年 3 月 10 日《紐約時報》的頭版，上面都是令人不安的新聞）。

　　就在這天，年少的巴菲特留意到一家「城市服務（Cities Services）」公司的優先股股票；他發現，「去年此時，這家公司的股票 1 股 84 美元；今年年初跌到 55 美元；到了 3 月更是跌到 38 美元。」

　　巴菲特心動了，他決定無視鋪天蓋地的負面新聞，投入當時所有的積蓄，在父親的協助下以每股 38.25 美元買進「城市服務」公司共 3 單位的股票，「這是我當時做過最棒的事情。」巴菲特說。1930 年 8 月 30 日出生的巴菲特，那時候只有 11 足歲。

　　然而，巴菲特一買完就後悔了，因為報紙上鋪天蓋地的壞消息繼續不斷地傳來，股市大盤跌跌不休，他持有的股票也不例外。

　　在這樣負面的情緒下，他變得有些坐立難安。好在跌了一段時間後，戰爭就開始對美國和同盟國有利，人們對股市恢復信心，「城市服務」公司的股票也因此年年上漲，「在 4 年內，從 1 股 38.25 美元漲到了 160 美元。」那麼，巴菲特在這筆交易中，總共賺了多少錢呢？答案是只有區

區的 5.25 美元。因為當時每天惶惶不安的他，在當年的 7 月，股價好不容易止跌上漲到 40 美元時，就迫不及待地將股票全部拋售，僅僅持有 4 個月，根本「沒參與」到後面 3 年多的上漲行情。

故事說到這裡，台下的股東們都發出了會意的笑聲，沒想到他們眼中的股神也曾經犯過這樣的錯誤。巴菲特用這個故事說明：即使在最壞的時機買股，「長期持有」仍然可獲得高報酬。

戰勝悲觀與恐懼情緒，是邁向贏家的第一步

延續這個股票投資經驗，巴菲特問台下的股東們：「如果回到 1942 年，你擁有 1 萬美元，投資到美國股市的大盤裡，之後再也不碰它，並且一直持有到現在，你的帳戶裡會有多少錢呢？」巴菲特讓大家大膽地猜測，但是最終的答案還是讓台下發出陣陣驚嘆，答案是 5,100 萬美元。

他接著說，「身為投資者，你不必看懂財報、不必每天追蹤市場新聞、不必做任何糾結的選擇，你只需要做好一

件事情：戰勝悲觀和恐慌情緒，對市場和未來始終保持樂觀。」

在記取 11 歲時「4 個月新高價賣出股票」的教訓後，巴菲特將樂觀主義融入到投資哲學中——無論市場如何波動，他都堅持看好股市，並且「長期持有」。

而同時期被悲觀和恐懼情緒所支配，試圖做空美股的投資人，沒有一個存活到現在。巴菲特指出，從他買下首張股票以來，美國經歷了 14 任總統、2 次世界大戰、古巴飛彈危機，以及 911 恐怖攻擊。他強調，你必須相信美國終將獲勝；自 1776 年美國獨立以來，整個國家不停地在進步，「反而是每天的新聞頭條，都讓人感到很糟糕。」

巴菲特於 2019 年發表的 2018 年「致股東信」，延續他 1942 年第一次買股票的經驗指出，如果當時投資在「城市服務」公司的 114.75 美元，能夠投資美國 S&P 500 指數（投資指數只是一個概念，畢竟當時指數型基金尚未問世）。到 2019 年 1 月底，這筆小錢將成長至 60 萬 6,811 美元，投資報酬率高達 5,288 倍！假如當時投入

的是 1 萬美元，現在會成長至 5,288 萬美元。

回到本文一開始的問題，用「股市現在太高」當成不投入股市的理由，這觀點其實是倒因為果；只看到現在的結果，沒看到底層的邏輯、真實的原因。

確實，站在現在回頭看「過去」，會覺得美國、台灣、全球主要國家的股市都比 30 年、50 年、100 年前更高，但是，這正是世界各國長期生產力提升、企業累積許多盈餘的證據呀！為什麼不把頭擺正、面向前方，站在現在，放眼未來呢？

很多投資人都知道「股票是買它的未來性」，如果整體人類文明與技術，維持著提升效率、提高生產力的模式，繼續向前邁進，我們現在不持有股票，未來會錯過多少呢？希望本篇巴菲特的投資故事，可以幫助你做出正確的選擇。

用 3 步驟配置資金 分散風險又降低壓力

假如現在你有 100 萬元的資金，應該怎麼投入指數化投資工具呢？我建議可以分為 3 個步驟去執行：資金配置比重、投入方法與配息再投資，分別說明如下：

步驟 1》資金配置比重：全球股市＋台股

資金配置比重其實沒有標準答案，很多「指數化投資」的推廣者都各有不同的看法。有人認為，投入股票的資金應該依照全球股票市值配置比重，依照這樣的原則，買進 1 檔投資全球股市的指數化投資工具就足夠了。

《我用死薪水輕鬆理財賺千萬：16 歲就能懂、26 歲就置產的投資祕訣》作者安德魯‧哈藍（Andrew Hallam）認為，可以採取這樣的比重：「美國、美國以外的國際股票、你的居住國」各 1/3，這樣對居住的國家會有更直接的參與感。

　　舉例來說，哈藍是加拿大人，就建議他的同胞平均配置到「美國股市＋美國以外的國際股市＋加拿大股市」；他出書的時候是在新加坡教書，有個加拿大籍的同事娶了新加坡人，他建議這對夫妻將家庭資金平均配置到「全球＋加拿大＋新加坡」。

　　我自己是部分參考哈藍的觀點，採用「全球＋台灣」的配置：50% 投資在全球股市（例如：先鋒全球股票 ETF（VT.US））、另外 50% 投資在台股（例如：元大台灣50（0050））。假如有台灣朋友想單筆投資 100 萬元，我也會建議將 50 萬元投入 VT、另外 50 萬元放在元大台灣 50。

　　我配置在元大台灣 50 的另外一個理由是「變現性」。雖然依照第 1 課的內容，我已經存夠應備存款了，其餘閒錢應該要專注於長期投資，但是，為什麼還要考慮變現呢？我的擔憂在於，假如我所儲備的 3 桶預備金都用完了，還不夠解決突發的問題，怎麼辦呢？這時候再怎麼不願意，也必須變賣股票資產，例如還需要 30 萬元，就賣掉市值 30 萬元的股票。

以 VT 而言，是在美國股市掛牌交易，因此，如果我在美國股市賣掉 VT、再將入帳款項匯款回台灣，所需花費的工作天數，會比台股現股賣出還要多幾天（台股賣掉變現只需要 T＋2 個交易日），因此，我才會選擇保留一半的資金在台股。

步驟 2》投入方法：分批投入以平均買進成本

如果有單筆 100 萬元的資金，不要將 100 萬元一口氣全投入，這樣你的心理壓力會很大，建議把資金「分成 10 個月分批投入」，例如：第 1 個月投入 10 萬元，其中 5 萬元買 VT、另外 5 萬元買元大台灣 50 的零股；第 2 個月再投入 10 萬元，也是 5 萬元買 VT、另外 5 萬元買元大台灣 50；第 3 個月再投入 10 萬元，還是 5 萬元買 VT、另外 5 萬元買元大台灣 50。依此類推，每個月買一次，直到全部 100 萬元資金都投入為止。

分批投入的好處是均攤買進成本，以上述例子來說，100 萬元分為 10 個月投入，就會有 10 個進場點，有的高一些、有的低一些，最終取得「平均」的買進價位。不

但能夠降低心理壓力（一次投入 100 萬元，很多人晚上恐怕要睡不著覺了），還能夠避免掉入「自行選擇高低點」的擇時進出陷阱。

步驟 3》配息再投資：持續創造複利效果

陸續將 100 萬元的資金投入後，別忘了，接下來每次領到的配息要滾入再投資，把現金轉換成股數，這樣才能創造錢滾錢的複利效果。

有的美國券商會提供自動且免佣金（手續費）的「股息再投資計畫」（Dividend Reinvestment Plan，簡稱 DRIP）；例如 Firstrade（美國第一證券），投資人只要加入這樣的計畫，則持股發放股息時，系統就會自動將股息，以市價買進同一檔股票。

在台灣，據我所知還沒有任何一家券商，有提供股息再投資的服務，因此，投資人需要自己手動執行。買進方法也不難，只要在股息配發日當天，用手機 App 下單，將領到的股息買進對應金額的股票就可以了。

投資部位不高的投資人，領到的股息雖然比較難買進整張股票，但是，仍然可以買進零股。例如：領到元大台灣50 配息 2 萬元，就下單買進大約 2 萬元的元大台灣 50 零股即可。

定期定額 vs. 單筆投資 哪一個方式比較適合我？

上班族想要每個月從薪水提撥一小部分來投資，例如：每個月 5,000 元，標的是元大台灣 50（0050），常遇到的問題是，「我應該每個月投入一次 5,000 元，還是累積 3 個月，一次投入 1 萬 5,000 元呢？」會問這個問題的投資人，通常是考慮到交易費用（佣金）。在回答問題之前，我們先來解說一下券商是如何收取交易費用。

平時與金融機構來往時，最常產生的費用是「臨櫃跨行匯款」，銀行會收取每筆匯費 30 元。我今天匯出去 1 萬元，匯費要 30 元；匯出去 5 萬元，匯費也是 30 元。另外，透過 ATM（自動櫃員機）跨行提款，銀行會收取每筆 5 元的手續費；我領 1,000 元，要 5 元手續費；我領 8,000 元，也是 5 元手續費。不管金額多寡，每筆都收一樣的費用。

不過，某些狀況下所收取的費用，是按照金額多寡有所不同的，例如：房仲業者收取的「佣金」，是依照「成交

金額乘以一定比率」計算。金額愈大、佣金愈高。假設某
房仲業者向買賣雙方收取的佣金共 6%，成交金額是 500
萬元，拿到的佣金為 30 萬元；如果成交金額是 1,000 萬
元，佣金就變成 60 萬元。又比如某保險商品佣金 10%，
10 萬元的保險費，佣金是 1 萬元；100 萬元的保險費，
佣金就變成 10 萬元。

證券交易費率為 0.1425%，買賣各收 1 次

　而投資人透過證券公司（以下簡稱券商）交易股票，券
商都會收取交易費用，比較類似上述佣金的概念，計算規
則如下：

　1. 股票成交金額按比率計算費用：交易費用為成交金額
的 0.1425%（千分之 1.425），買進與賣出各收費 1 次。

　2. 通常有「最低消費」20 元：每筆至少 20 元，假如計
算後的數字不足 20 元也要收 20 元（詳見表 3-12）。

　從表 3-12 中我們可以看到，成交金額從 1,000 元到 1

萬 4,000 元，在不打折的狀況下，交易費用都低於 20 元，依照券商的收費標準，實際會向投資人收取每筆 20 元的費用。

如果成交金額是 1 萬 5,000 元以上，計算後交易費用都會超過 20 元，因此，會依照實際費用收取，投資人不吃虧（我曾經在 3 家不同的證券公司開戶過，根據經驗，券商實際的交易費用是小數點後無條件捨去）。不過，如果你是採取電子下單（網路下單或手機 App 下單），並且享有 6 折的折扣，那麼交易金額大約在 2 萬 4,500 元以下，券商都會向你收取最低 20 元的交易費用。

股票交易費用是依照成交金額比率計算的佣金，美國券商的用語也是「佣金」（commission），這是很明確的。只是台灣的證券主管機關使用的是手續費 3 個字，我們只好俗稱它是手續費。

回頭來探討一開始的問題，「我應該每個月投入一次 5,000 元，還是累積 3 個月，一次投入 1 萬 5,000 元呢？」如果依照資金運用效率來看，每個月投入一次 5,000 元，

表3-12 買股手續費依金額計算，最低為20元

台灣券商收取交易費用試算

成交金額（元）	未打折		打6折	
	交易費用（元）	實際收取費用（元）	交易費用（元）	實際收取費用（元）
100,000	142.5	142	85.5	85
50,000	71.3	71	42.8	42
25,000	35.6	35	21.4	21
20,000	28.5	28	17.1	20
15,000	21.4	21	12.8	20
14,000	20.0	20	12.0	20
10,000	14.3	20	8.6	20
5,000	7.1	20	4.3	20
1,000	1.4	20	0.9	20

註：手續費為成交金額 ×0.1425%

費用不足 20 元，仍然會被收取 20 元

每次收 20 元交易費用、3 個月就收 60 元（每次費率相當於 0.4%）。假如累積滿 1 萬 5,000 元再一次投入，只收 21 元的交易費用（每次費率相當於 0.14%），後者是比較划算的，這是最理想的狀況。

但是，有些投資人說他的錢「會咬人」，看到帳戶餘額

有幾千元他就很容易拿去買東西、吃大餐，本來打算存滿
1萬5,000元再一口氣投入，可是往往還沒存到目標金額
就花掉了，根本無法落實投資計畫。

有「月光族」傾向的人，建議每月執行定期定額

如果是這樣的人，我建議還是每個月投入5,000元，至
少確保你的錢有投入股市（也有少數券商提供零股定期定
額下單的服務，在券商規定的額度內，每次交易手續費僅
有1元、5元，下單規則各有不同，投資人可以自行比較）。

這邊還會延伸出一個問題：「我究竟該採用定期定額，
還是單筆投資呢？」其實，兩者可以同時進行，並不衝突。
不是說你單筆投資了就不能定期定額；你定期定額了就不
能單筆投資。

每個月有固定收入的人，很適合定期定額。如果你現在
手頭剛好有一筆錢，例如30萬元、70萬元、500萬元，
可以參考之前文章介紹的「分10個月投入資金」方法（相
關內容詳見第177頁）。在本書第2課介紹「DIY自己的

月退俸」（相關內容詳見第 106 頁）時，我也鼓勵大家可以同時進行定期定額與單筆投資，加快累積退休金的速度。

　　總結來說，如果你的定力足夠、錢不會亂花，那就 3 個月投入一次。但是，如果你的意志不堅、錢還沒存夠就會花掉，那就每個月投入一次，免得為了節省交易費用而因小失大，錯過參與投資的機會。

　　請記得，我們的目標是要參與市場、獲取市場報酬；假如為了追求 100% 精簡費用而遲遲無法投入資金去執行投資計畫，那就本末倒置了。

 余老師的小提醒

根據人類文明發展史來看，長期投資全球股市指數 30 年以上都是賺錢，使用低成本的「指數化投資」，可以讓我們參與居住國，乃至於全球股市的市場報酬，而且不像投資少數幾檔單一個股，會賺了指數、賠了價差。「指數化投資」是超越 90% 主動式基金的強大投資工具，由柏格發明、巴菲特以百萬美元的「10 年之賭」實踐證明。因此，只要你手上有閒錢，就應該拿一部分去投入「指數化投資」，無論定期定額或單筆投資都很適合。

保險規畫》
用小錢買到高保障

我跟姑姑、叔叔、阿姨、小學同學……買了 5 張醫療險、3 張儲蓄險，保障到底夠不夠？

保險要「保大不保小」，你的房貸餘額700萬元，身故保障才70萬元，給妻小的保障明顯不夠，你需要重新規畫保單！

掌握保險 3 原則
客製化高 CP 值保單

很多人都買過保險，不過，面對厚厚一疊的保單，往往是有看沒有懂。其實，保險的功能在於「保障」，只是隨著保險商品的推陳出新，雖然購買保險的人愈來愈多，但是真正有去了解保險內容的人卻少之又少。

最可怕的是，每年繳了高額的保費後，等到真正需要申請理賠時，卻發現保額根本不夠，原因就在於買到「不符合需求」的保單。我的原生家庭也曾經歷一場保單改革，因此，接下來我想跟大家好好聊聊，關於「買保險」的正確觀念。

依《保險法》規定，人身保險共分成 4 大類

花了錢，總要知道買的是什麼商品吧？保險可以分為兩種：一種是保「人」的人身保險、一種是保「物」的財產保險。

以人身保險為例，儘管名目眾多，可是終究能歸類在我國《保險法》的 4 大分類中——人壽保險、傷害保險、健康保險與年金保險，分析如下：

1. 人壽保險：簡稱壽險，主要以被保險人「死亡」為給付條件，因此稱之為死亡險。無論意外死亡、生病死亡或自然死亡，只要確定死亡，受益人（通常是遺屬）就能獲得理賠，很容易理解，這是保障範圍最廣的人身保險。

2. 傷害保險：俗稱意外險，主要以「意外傷害」為給付條件，要同時符合「外力所致」、「突發狀況」與「非疾病引起」等 3 種條件，例如：走在騎樓被招牌砸到頭，或者是走在馬路上被車子撞斷腿，所衍生的醫療費、手術費，甚至是失能、身故等，保險公司才會給付相關的理賠。

3. 健康保險：主要以「生病」為給付條件，例如：住院醫療險、癌症險、重大傷病險、失能險、長期看護險等。

4. 年金保險：在被保險人生存時給付，又稱為生存險，例如：只要活著每年就能領 3 萬元，或每 3 年領 5 萬元的

保單，因此常被退休族視為退休金的理財工具。

　　不過，保險並沒有限制只能具備單一保障，有可能 1 份保險契約單當中，混合兩種以上的險種。像是坊間俗稱的「儲蓄險」，標榜活著可以領錢、死了也可以領錢，它其實是結合兩種功能：生存險與死亡險，也稱為「生死合險」，我們所看到商品名稱多為「利變型終身險」。

　　又像是「投資型保險」，標榜可以投資、同時具備壽險的保障，事實上它是一種「變額壽險」，因此，仍然被歸類為人壽保險的一種。

　　以上是按照保險內容做簡單的分類，如果根據保障期限來分類，又可以分為「定期險」和「終身險」兩大類別：前者是繳費期間才享有保障，保費較為低廉；後者是繳費到達一定時間後，終身都有保障，保費較為昂貴。

　　另外，保險公司所提供的保險商品又分為兩種形式：主約與附約。「主約」可以單獨投保、單獨存在，例如：壽險常被當作主約。「附約」則是不能單獨投保，一定要附

加在主約當中。接下來的內容也會反覆提到這些名詞。

那麼，面對琳琅滿目的保險商品，我們究竟該怎麼購買呢？我建議可以依照 3 個原則：1. 只保超過自己承擔能力的損失；2. 先保大、再保小；3. 只買純保險。

原則 1》只保超過自己承擔能力的損失

真正的保險，應該是能幫我們承受「自己承擔不起」的巨大損失，自己付得出來的小錢則不必買保險。因為保險理賠並非免費，所有的保障都是支付保險費換來的呀！

然而，「付得出來」的標準每個人不同，例如長針眼的門診手術費用 1,000 元，大部分的人隨時都拿得出來，因此自己付掉就好；例如住院手術，包括自費單人房與自費醫材共 5 萬元，我身上沒那麼多現金，但是銀行帳戶有，因此我只要從提款機領 5 萬元就可以支付這筆費用。

支付上述醫療費用的前提是，有依照第 1 課所述，已經幫自己存了 20 萬元「自用醫療保險預備金」。假如還沒

存夠 20 萬元的預備金，可以先考慮購買定期醫療險來解決（相關內容詳見第 248 頁）

對我來說，只有超過 20 萬元的支出，才「需要」投保，因為超過 20 萬元的部分，是我無法負擔的金額。或許投資帳戶裡有足夠的金額能夠負擔，但是我並不打算中斷投資，因此，我盡可能不去動用投資帳戶的錢。

再假設一個已婚的成年男子，背負房貸 600 萬元，銀行存款只有 60 萬元，加計他的投資帳戶淨值共有 140 萬元。萬一他不幸身故，這筆未償還的房貸該怎麼辦呢？變賣所有資產才 200 萬元，也不夠支付剩餘的房貸呀！債務和養育孩子長大的責任，只能丟給妻子獨自承擔。

如果這位已婚成年男子想負起責任，就需要購買至少 400 萬元的壽險保單，即使不幸身故，理賠金至少能夠彌補負債缺口，避免將債務留給家人。

舉例來說，股神巴菲特（Warren Buffett）的資產約有新台幣 2 兆 4,600 億元，假如他也有 600 萬元的房貸尚未

償還，你覺得他需要保險嗎？根本不需要！他財產的零頭就可以輕鬆還掉房貸了。關於壽險，下一篇文章會有更進一步的介紹。

原則 2》先保大、再保小

假如依照原則 1 所選出來的保險項目不止一種，但是收入與預算有限，沒辦法全部都投保，該怎麼做呢？這時候就得排出優先順序了：

順位 1》保障範圍大的優先買

如果擔心身故之後，家中失去經濟來源，但是目前預算不足，壽險和傷害險只能選一項，那麼當然優先買壽險。因為壽險是身故就理賠，無論原因是意外、疾病或自然死亡。傷害險必須是「外力所致」、「突發狀況」、「非疾病引起」的意外死亡才理賠。前者的保障範圍大於後者，因此要優先投保。

順位 2》理賠金額大的優先買

這裡所說的「金額」，指的是將來可能「領到的」理賠

金額，不是你「繳出去的」保費金額，千萬別搞錯方向。

　　什麼是理賠金額大的呢？意思是「整筆領」、「一次領一大筆錢」。例如：人壽保險的身故理賠，一次就理賠1,000萬元。如果傷害險符合失能（以前稱為殘廢）的條件，一次理賠500萬元、300萬元，都屬於理賠金額大的保險。

　　按上述條件買足最需要的保險之後，如果還有剩餘的預算，再來規畫「分很多次理賠小金額」的保險，像是每次理賠10萬元、5萬元的保險（例如：傷害醫療險的實支實付險、住院醫療險的手術費理賠等）。接下來，如果還有預算，再投保每次理賠1,000元、2,000元的險種（例如：住院醫療險的住院日額理賠）。把錢優先花在刀口上，才是有效率的購買順序。

原則3》只買純保險

　　第3個原則是只買「純」保險，也就是單純只有保障（沒有還本、儲蓄、投資等其他功能）的保險，那才是保險的

本質，也是保險無可替代的功能。

　前述的「儲蓄險」與「投資型保險」，都算是「不純」的保險。例如「儲蓄險」，期滿可以領回當初所繳的保費，再外加一些利息，因此，總是被包裝為儲蓄產品。

　事實卻沒有那麼簡單。你知道嗎？幾乎所有的儲蓄險，只要在繳費期間內解約，無法全數領回繳出去的保費，也就是「提早解約會賠錢」。一旦不清楚這一點而貿然投保，偏偏臨時又需要動用這筆錢而提前解約，不但賺不到利息，還會賠了本金。

　因此，單純想儲蓄，不妨到銀行辦理定存，隨時解約都能夠保本。想要投資，另外開立證券戶自己投資即可，也不必額外支付投資型保險的壽險保費（相關內容詳見第270頁）。保險、儲蓄、投資各司其職，不僅最簡單，所需付出的總成本也最低廉。

　依照上述 3 個原則，我規畫了一般民眾優先投保的「純保險」組合。以 30 歲男性為例，年繳保費只要約 2 萬

2,000 元，等於每個月平均約 1,833 元，非意外身故可
獲得 500 萬元理賠，如果意外身故則是能獲得 1,000 萬
元的理賠（詳見表 4-1）。

建立這樣的保單組合之後，如果還有多餘的預算，具體
該怎麼增加保障呢？根據「保障範圍大、理賠金額高」的
原則，我的建議是：定期失能險→定期重大傷病險→定期
癌症險→定期醫療險。下一篇文章開始，我會分別介紹投
保這些保險的重點。

巴菲特靠保險浮存金，打造波克夏成長引擎

最後來談談，為什麼我這麼強調要將保險、儲蓄、投資
分開管理？許多人都知道，巴菲特長期投資股票逾 70 年。
他在取得波克夏（Berkshire Hathaway）的經營權後，就
開始用公司的錢買進其他公司的股票，波克夏也漸漸轉型
為控股公司，股票一年比一年更值錢。

不過，恐怕少有人知道，後來巴菲特透過波克夏買股票、
甚至購併其他公司時，不是波克夏原本擁有的資金，而是

表4-1 年繳保費2.2萬，就擁有1000萬保障
以30歲男性為試算對象

險種	說明	保障內容	保額	年繳保費
20年 定期壽險	純壽險	身故、完全失能	500萬元	約1萬7,000元
1年期 傷害險	純意外險	意外身故、失能	500萬元	約5,000元
總計			1,000萬元	約2萬2,000元

旗下保險公司所收到的錢。對於波克夏而言，使用「保險浮存金（float）」買股票，可以合法借用而且免利息，賺的利潤就成了波克夏的資產。

巴菲特不只是「股神」，他還是好幾家保險公司的老闆。更進一步說，正是保險公司老闆的身分，大力推動了他的投資事業。

巴菲特每年都會在波克夏年報開頭的「致股東信」，向股東報告旗下數十家公司的經營狀況，其中，他一定不會漏掉的事業群就是保險公司事業。2019 年 2 月所發表的 2018 年「致股東信」中，巴菲特提到：

「波克夏持有的這片『果林』——一系列保險公司，自1967年以來一直是推動波克夏成長的引擎，之所以稱這些保險公司是引擎，是因為它們能為公司提供『保險浮存金』。保險浮存金指的是，保險公司先收保費，然後可能要很長一段時間之後才會支付賠償或返還給客戶，因此，有一大筆錢可以長時間停留在公司帳上，這些資金是零成本的。」

將視線轉回到國內，我們來看看台灣的保險業者都是怎麼做的呢？2019年2月15日，《工商時報》有一篇新聞，標題為〈壽險投資海外，5年增近10兆〉，在報導當中提到：「據保發中心最新統計，到2018年12月底壽險業國外投資金額已達新台幣16兆3,074億元，……，台股持股市值逾1兆5,000億元，國內公債僅剩不到1兆3,300億元。」

同年4月3日，東森財經新聞也有篇報導，標題為〈全台最強包租公！國泰人壽年收租100.72億〉，文中提到：「壽險業樂當包租公！……，壽險業在全台投資逾新台幣兆元的投資用不動產，2018年共收租近253億元。第一

名為國壽（國泰人壽），租金收入就高達 100 億 7,200
萬元；第二名則是富邦人壽，租金收入近 41 億元；第三
名是新光人壽，年租金有 39 億元。」

　也就是說，截至 2018 年年底，台灣的壽險業者共約 16
兆元的海外投資（包括股票、債券、房地產）、1 兆 5,000
億元的國內股票、近 1 兆 3,300 億元的國內公債，1 兆元
的國內房地產，這合計約 20 兆元的投資，其中很大一部
分的資金來源，就是巴菲特所說的「保險浮存金」。保險
業利用保戶所繳的保費去投資，不只巴菲特這麼做，台灣
的保險公司也是這麼做。

保險的本質並非投資，買純保險才是王道

　保險公司拿保戶的錢去投資是一回事，我們能從保險公
司獲得多少獲利，又是另外一回事了。假如把錢交給保險
公司去投資，就等於是無息借錢給它們，過了 20 年、30
年，甚至 50 年之後，再拿回本金外加微薄的利息（就算
保險公司多賺錢也不會分給我們），那還不如自己直接買
股票就好。

　　自己投資（例如採取指數化投資），所有的獲利都可以留在自己的口袋。假如是想儲蓄，更不建議買保險，因為定存與活存就是最理想的儲蓄工具。切記，保險的本質不是投資工具，也不是儲蓄工具，它是保障的工具。

　　我們真正應該在保險公司購買的是「純保險」，也就是單純只有保障的功能。保險公司的保費是用「大數法則」計算出來的，透過成千上萬的人參與保險制度，就能讓大家所繳交的保費，去支應可能發生的損失。

　　每個人需要繳的保費其實並不高，但是只要其中有人發生巨大的損失，例如：身故、意外傷害，保險公司就能從這些保費中，撥出一部分給有需要的人。

　　舉個簡單的例子：每個人 1 年 1 萬元的保費，總共 100 萬人就集資了 100 億元。這一年內投保的 100 萬人中，假如某幾位發生意外身故死亡，他們的家屬可得到 1,000 萬元的理賠金。繳 1 萬元可以拿到 1,000 萬元的理賠金，是高達 1,000 倍的保障！這樣的「低保費、高保障」，才是保險無可替代的本質。

　　沒有人希望不幸發生在自己身上，但是，如果真有那麼一天，透過保險的互助機制，我們的家人就可以獲得基本的保障。因此，「保險歸保險、儲蓄歸儲蓄、投資歸投資」是我所倡導的理財原則。

定期壽險》
低保費享高保障　家中支柱必保

　　買保險的第一順位是什麼險種呢？我認為，人身保險的
4 大類保單中，低保費、高保障的「定期」人壽保險（簡
稱壽險），是最應該優先投保的。因為壽險的保障範圍最
廣，身故就理賠，而且一筆理賠金可能高達數千萬元或數
百萬元（越獄、犯罪被捕、拒捕致死，投保 2 年內自殺等
除外），因此能給予家人最實際的補償。

壽險保額不是愈高愈好，應從「未了責任」評估

　　那麼，每個人都該投保壽險嗎？只要你有家庭責任，而
且倘若自己不幸突然離世，所留下的財產不足以承擔剩餘
的家庭責任，你就需要投保壽險。家庭責任主要包括養育
子女、孝養父母或照顧伴侶；如果你沒有這些責任，當然
不用考慮投保壽險。

　　壽險是一種死亡保險，身故後受益人可以獲得理賠，因

此,決定投保壽險前,要面對的第一個問題就是:「應該
投保多少保額?」

　保額愈高,給家人的保障愈高,不過,要繳的保費也愈
多。買保險與購物很相似,當預算有限時,我們只能選擇
最「需要」的,有餘力再考慮「想要」的,這個原則在保
險同樣適用。而評估壽險保額時,請先計算出「需要」的
保額就可以了,只需要 3 個步驟:

步驟 1》估算責任總額

　估計未來一段時間,自己肩上的「責任總額」一共「需要」
多少錢。

步驟 2》評估現有資產

　估算自己目前已經擁有的「可變現淨資產＋已有壽險」
合計金額。

步驟 3》計算未了責任總額

　「責任總額」減去「可變現淨資產＋已有壽險」,就能
知道「未了責任總額」是多少,這個金額就是你「需要」

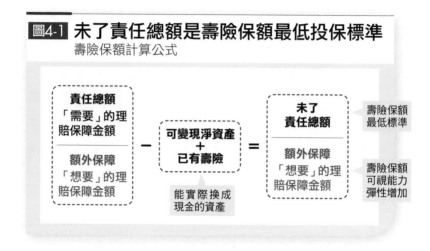

圖4-1 未了責任總額是壽險保額最低投保標準

壽險保額計算公式

的壽險保額最低標準（詳見圖 4-1）。

　　舉個例子，有一位水電行老闆，銀行存款共有 100 萬元，沒有投保任何壽險。老闆平時負責替客戶修水電，老闆娘在店裡接電話、記帳，育有 1 名 3 歲的孩子。一家人居住的房子，尚有為期 20 年的房貸 500 萬元。

　　這位老闆肩上的責任主要有兩個：一個是尚未繳清的房貸餘額 500 萬元、一個是未成年子女的教育費與生活費，粗估為 300 萬元，那麼他的責任總額一共是 800 萬元。

表4-2 淨資產低於責任總額，得靠壽險補缺口

以水電行老闆為例

	類型	金額	備註
責任項目1	未償貸款（房屋、車貸、信貸等）	500萬元	剩餘20年
責任項目2	未成年子女教養費	300萬元	目前有一個3歲小孩，計畫養育至22歲，因此希望有20年的保障
① 責任總額		合計800萬元	
淨資產項目	銀行存款	100萬元	
已有壽險	無	0元	
② 可變現淨資產＋已有壽險		合計100萬元	
③ 未了責任總額		700萬元	

註：責任總額－可變現淨資產＝未了責任總額

　　水電行老闆擁有 100 萬元的銀行存款，屬於「可變現淨資產」，因此將「責任總額」800 萬元減去 100 萬元後，他的「未了責任總額」就是 700 萬元（詳見表 4-2）。

　　也就是說，水電行老闆最少需要投保 700 萬元的壽險保額。萬一他真的不幸過世，家人會得到 700 萬元的壽險理賠金，足以支付房貸餘額，以及未來 20 年孩子的教育費與生活費。

要注意的是，「可變現淨資產」指的是可以變賣成現金的財產，包括銀行存款、股票、基金、自住房屋以外的第二間房子。目前居住的自住房不能算在內，因為賣掉之後就沒地方住了，所以要排除。

壽險保額先滿足「需要」，再依能力考慮「想要」

為什麼壽險保額至少要等於「未了責任總額」呢？水電行老闆要考慮的是，假設負責養家的自己突然過世，留下500萬元的房貸，而「可變現淨資產」卻只有100萬元，繳幾年房貸後就不夠用了。房貸繳不出來，就會被銀行拍賣，母子倆恐失去住所。另外，如果妻子無法自行負擔孩子的教育費與生活費，孩子長大後恐怕也要輟學打工來養活自己。

因此，以「需要」而言，水電行老闆如果想保障妻兒能住在原本的房子裡，壽險保額一定要能負擔尚未繳清的房貸。同時，想讓妻兒至少達到三餐溫飽、供應孩子直到國內大學畢業，那麼壽險保額也必須滿足未來這段期間的生活費與教育費。

　　這裡估計的 300 萬元，僅包括養育小孩從出生到大學畢業的「陽春價」，不學才藝、不補習，小學到高中都念公立學校，大學念國內私立學校（國立大學很難考上），所粗略估計出的金額。

　　當然，以「想要」而言，如果希望妻兒過更好的生活，例如：栽培孩子學才藝、出國留學等，就得提高壽險保額，像是提高到 1,000 萬元。不過，更高的保額也代表更多的保費，需要仔細評估。千萬不要為了支付高額的壽險保費，而過度犧牲目前的生活品質，這本末倒置。

　　計算出 700 萬元壽險保額，該怎麼投保？以這位水電行老闆為例，他的家庭責任只到房貸繳完、孩子讀完大學為止，期間正好是 20 年。因此，他不必買終身壽險，只需要購買 1 張 20 年期的定期壽險，保額 700 萬元就足夠了。

　　定期壽險的優點是「低保費、高保障」。20 年內，水電行老闆可以儲蓄與投資，以累積財產。20 年後，房貸還清了，孩子也差不多完成大學學業，可以自力更生。如果到時候老闆身故，還有過去所累積的財產可供妻子度過餘生。

　　我們再來看另外一個例子。一位企業老闆負責經營公司，老闆娘當貴婦不用上班，育有 3 名未成年子女，擁有 5 間豪宅，而且沒有任何貸款。「可變現淨資產」有銀行存款 7,000 萬元、上市公司股票，淨值約 99 億元，再加上已投保的終身壽險保額 3,000 萬元，合計 100 億元。

　　這位企業老闆肩上的「責任總額」是多少呢？如果同樣以每位未成年小孩 300 萬元估算，基本教養費共約 900 萬元，因為沒有其他未繳的貸款餘額，所以「責任總額」為 900 萬元。

責任會隨時間遞減，買定期壽險優於終身壽險

　　這位企業老闆擁有的「可變現淨資產」為 100 億元，就算是他突然身故，已經足以負擔未成年子女未來的教養費。因此，他沒有未了責任總額（詳見表 4-3），自然也沒有再投保壽險的需要（高資產族可能利用壽險節稅，不在本文討論範圍）。

　　也許有人認為，只要有能力，為什麼不乾脆買終身壽險

表4-3 淨資產超過責任總額,因此不用保壽險

以企業老闆為例

類型		金額	備註
責任項目1	未償貸款(房屋、車貸、信貸等)	0元	名下有5間房屋,貸款已經清償
責任項目2	未成年子女教養費	900萬元	目前有3個小孩,分別5歲、7歲與10歲
① 責任總額		合計900萬元	
淨資產項目1	銀行存款	7,000萬元	
淨資產項目2	上市公司股票淨值	99億元	
已有壽險	終身壽險保額	3,000萬元	
② 可變現淨資產+已有壽險		合計100億元	
③ 未了責任總額		合計 0 元	

不需要再投保壽險

註:1. 責任總額-可變現淨資產=未了責任總額;2. 若未了責任總額小於 0 元則視為 0 元

呢?以便讓家人持續擁有保障不是很好嗎?這是因為終身壽險雖然能終身有效,但是,保費也相對高昂。以遠雄人壽的終身壽險為例,40 歲的民眾投保「終身壽險」保額 500 萬元,女性年繳保費為 16 萬 9,000 元、男性高達 19 萬 3,500 元(詳見表 4-4)!

想一想,你身邊哪個背房貸、養小孩的 40 歲上班族,

表4-4 以50歲男性來說，20年定期壽險總保費
終身壽險與定期壽險保費比較

年齡/性別	每年保費（元）	
	定期壽險20年期	終身壽險
30歲女性	6,200	139,000
30歲男性	16,950	158,500
40歲女性	14,750	169,000
40歲男性	36,600	193,500
50歲女性	37,900	207,500
50歲男性	79,950	239,000

註：1.「定期壽險20年」代表繳費與保障期間皆為20年。「20年期終身壽險」，代表繳費年期為20年
年投資且年化報酬率假設6%，20年後可以累積的本利和；3.本表保費金額取自遠雄人壽新定期壽險
資料來源：財團法人保險事業發展中心

有能力年繳17萬元～19萬元的保費，又不會影響生活品質呢？更重要的是，要連續繳20年喔！總繳保費分別是338萬元與387萬元，這大概只有企業大老闆才有能力負擔。

終身壽險的保費非常貴，偏偏許多人都有買，只是保障額度非常少，例如只有30萬元、50萬元，遠遠小於未了責任總額，根本無法滿足遺屬需要的保障。

比終身壽險少318萬

20年總保費（元）		20年總保費 差距（元）	20年分期6%複利 滾存本利和（元）
定期壽險20年期	終身壽險		
124,000	2,780,000	2,656,000	5,178,234
339,000	3,170,000	2,831,000	5,519,420
295,000	3,380,000	3,085,000	6,014,628
732,000	3,870,000	3,138,000	6,117,959
758,000	4,150,000	3,392,000	6,613,166
1,599,000	4,780,000	3,181,000	6,201,793

保障期間為終身；2.「20 年分期 6% 複利滾存本利和」是以終身壽險減去定期壽險年繳保費的差額，分
新終身壽險；4. 以 500 萬元保額為例

　　人壽保險是要解決「走得太早，責任未了」的問題，沒有責任、身故不會導致家庭經濟上的損失，就不需要壽險。別忘了，房貸會愈還愈少、兒女會愈長愈大，將來也會有能力賺錢養活自己。既然責任會隨著時間遞減，當然也不需要「終身」的壽險保障。

　　如果你有壽險需求，買的卻是「不足額」的終身壽險，代表你買錯保險了。改用小錢買足額的「定期壽險」，讓

保額足夠覆蓋未了責任總額，才是最有效益的做法。

　　如果你真的有能力每年付出 17 萬元～ 19 萬元的保費，我還是建議，只在需要保障的期間購買足額的定期壽險，多出的預算就拿去投資，也能累積可觀的資產。

　　例如 40 歲男性，有能力支付每年 19 萬 3,500 元的費用。其中 3 萬 6,600 元投保 20 年定期壽險，其餘 15 萬 6,900 元拿去投資，以年化報酬率 6% 試算，20 年後可以累積到約 611 萬元。如此一來，就算定期壽險在 20 年過後失效了，但是，這段期間靠自己累積到的 611 萬元，仍然可以當作給家人的保障，或是作為其他的運用，例如：創業、換屋、繼續投資等，視需求靈活運用。這可能是許多喜歡買終身壽險的保戶不曾思考過的方向，提供給讀者參考。

　　除了身故之外，壽險還有另外一個理賠條件，就是「完全失能」（《保險法》過去稱為「完全殘廢」，例如全身癱瘓、雙眼失明等，2018 年 6 月修法後已經修改用詞），這是很多人忽略的保障。

　　像是投保 500 萬元定期壽險，無論是疾病或意外而導致完全失能，可以獲得一次理賠金 500 萬元；假設聘請外籍看護每個月花費 2 萬 2,000 元，500 萬元也足夠聘請看護 227 個月，等於 18 年又 11 個月，可以大幅減輕家庭財務的負擔。不過，如果已經以完全失能申請壽險理賠，代表這張保單已經履約，未來被保險人身故則不能再次申請理賠。

隨堂練習》 計算所需要的壽險保障額度

　　大家往往不知道應該如何評估壽險保額，現在就來好好算一算，自己目前擔負多少責任總額？「可變現淨資產」與已有壽險有多少？就能算出「未了責任總額」，這個數字就是壽險保額的最低標準，計算公式如下：

責任總額－可變現淨資產＝未了責任總額

　　我們追求的是用合理保費達到足夠的保障，因此，一定要先算出壽險保額的最低標準。保額太低沒有意義、保額太高會壓低生活品質，讀者在試算時可以掌握以下重點：

重點 1》「責任總額」可用未來 5 年的家庭成員評估

　　如果是適婚年齡或已婚的讀者，幾年內有可能生兒育女，可以用未來家庭成員人數來評估責任。例如：計畫生一個小孩，責任就增加 300 萬元；計畫生兩個小孩，責任就增加 600 萬元，依此類推。

表4-5 自行填入數據，算出自身未了責任總額

未了責任總額範例表格

	類型	金額	備註
責任項目1	未償貸款（房屋、車貸、信貸等）	＿＿元	清償年限＿＿年
責任項目2	未成年子女教養費共＿＿人（粗估每人300萬元）	＿＿元	需要年數＿＿年
責任項目3	長輩孝養金	＿＿元	需要年數＿＿年
① 責任總額		合計＿＿萬元	
淨資產項目1		＿＿元	
淨資產項目2		＿＿元	
淨資產項目3		＿＿元	
已 有 壽 險		＿＿元	
② 可變現淨資產＋已有壽險		合計＿＿元	
③ 未了責任總額		合計＿＿元	

註：1. 責任總額－可變現淨資產＝未了責任總額；2. 若未了責任總額小於0元則視為0元

重點 2》雙薪家庭可以按收入比率分攤

雙薪家庭可以依照夫妻的收入比率來計算。例如：太太收入 6 萬元、先生收入 4 萬元，兩人共同扶養孩子與負擔房貸，假設家庭「未了責任總額」是 1,000 萬元，可以細分為太太的責任總額為 600 萬元、先生的責任總額為 400 萬元。

重點 3》若需奉養長輩，也要納入評估

如果有奉養父母、祖父母等長輩的需求，也得納入壽險保額的評估，計算方法是「每年扶養金」乘以「預估扶養年數」。

例如：每個月固定給媽媽孝養金 5,000 元，媽媽目前 65 歲，預估壽命 90 歲，至少還有 25 年的孝養責任，就需要 150 萬元（每個月 5,000 元 ×12 個月 ×25 年）的壽險保額。萬一你比媽媽早走，保險理賠金可以彌補每個月孝養金的損失。假如夫妻分別扶養自己的長輩，可以依此計算各自的孝養責任金額。

長短年期定期壽險互相搭配，以涵蓋最完整保障

算出自己的「未了責任總額」，就可以將這個金額視為壽險保額的最低標準。接下來，只要購買對應年期、足夠額度的定期壽險就可以了（假如未了責任總額為 0 元，則不需要再投保壽險）。

定期壽險也有不同年期的選擇，可以一次買足，也可以

利用不同年期互相搭配，簡單來説，一共有 3 種買法：

買法 1》1 張長年期定期壽險（最單純）

最單純的狀況是，目前還有 20 年的未了責任，總額為 800 萬元，只要買 1 張 20 年期、保額 800 萬元的定期壽險，就能解決問題了。

買法 2》搭配 2 張以上階梯式定期壽險（較彈性）

假設你的「未了責任總額」800 萬元，都是來自房貸。但是，房貸會愈還愈少，10 年後已經還掉一半，那麼第 11 年到第 20 年的保額 400 萬元，已經足夠覆蓋剩下的未了責任總額，那麼就可以同時投保 2 張定期壽險：1 張 400 萬元保額的 20 年定期壽險、1 張 400 萬元保額的 10 年定期壽險。

這樣的買法，可以在前 10 年擁有 800 萬元的保障，後 10 年的保障雖然只剩 400 萬元，但是也已經足夠覆蓋未了責任總額，降低整體保費負擔。

買法 3》保證續保的 1 年期定期壽險（最靈活）

部分保險公司提供 1 年期的定期壽險，有些甚至保證續保（例如有保險公司能持續保到 95 歲），這樣的險種比較靈活，適合依照責任的增減而彈性調整保額。

要注意的是，壽險保額並非一成不變，即使一開始規畫地很完整，將來都可能需要調整。常見的狀況有 3 種：

1. **家庭成員變動**：需要扶養的人增加或減少，例如多生了一個寶寶、扶養的長輩辭世。

2. **負債變動**：例如增加了幾百萬元的貸款，或是房貸提早還清。

3. **資產變動**：例如突然得到一筆鉅額遺產，或是經商失敗、資產大幅縮水等。

發生以上狀況，都要重新檢視壽險保額是否過多或不足，進而調整保額，才能給家人最適當的保障。

一般來說，定期壽險多分為 6 年、10 年、15 年、20 年、

表4-6 56歲男性定期險年繳保費僅2611元
20年期定期壽險費率表

年齡	年繳保費（元）		年齡	年繳保費（元）	
	男	女		男	女
25	231	85	41	791	324
26	249	91	42	854	355
27	268	98	43	923	389
28	289	106	44	996	427
29	313	114	45	1,077	469
30	339	124	46	1,164	515
31	367	135	47	1,260	566
32	397	147	48	1,363	623
33	430	161	49	1,476	687
34	464	175	50	1,599	758
35	501	191	51	1,733	839
36	541	208	52	1,879	928
37	583	227	53	2,039	1,028
38	628	247	54	2,213	1,139
39	677	270	55	2,403	1,263
40	732	295	56	2,611	1,401

註：每 10 萬元保額之年繳保費金額

25 年、30 年等不同的保險期間，讀者可以視需求投保。各家保險公司的壽險保費雖然有差異，但是整體來說不會相差太多。

表 4-6 節錄了某家壽險公司 25 歲～ 56 歲的 20 年期定

試算範例》計算壽險年繳保費

30 歲女性、20 年期壽險、保額 800 萬元,需要年繳保費為多少?

步驟 1》按條件查詢費率表
從表 4-6 得知,30 歲女性每 10 萬元保額的保費為「124」元。

步驟 2》算出保額倍數
欲投保 800 萬元的保額,是 10 萬元的「80」倍。

步驟 3》計算年繳保費
保費 124 元 × 保額倍數 80 倍=年繳保費 9,920 元。

接下來,請讀者依據自己的「未了責任總額」,自行計算出保費金額:
保費 _____ × 保額倍數 _____ =年繳保費 _____ 元。

期壽險費率表,以「每 10 萬元」為單位的「年繳保費」。
你可以根據投保年齡、性別與保額,自行計算保費金額。

　以上都是用「未了責任總額」估算「需要」的壽險保額,
想要給家人多一點保障,可以考慮增加保額,同時評估保
費是否在負擔範圍內。我要再次強調,保額不是愈高愈好,
保額足以滿足需求、保費能夠負擔,才是最重要的考量;
多出來的預算可以透過投資,創造更大的價值。

定期傷害險》
降低意外損失　職場新鮮人首選

　　已經有家庭責任、而且已經投保足額的定期壽險，但是又擔心發生意外事故而影響生計的民眾，應該怎麼增加保障呢？另外，剛進入職場的年輕人，因為沒有家庭責任，所以壽險不是最需要的險種，但是，如果你擔心發生意外而影響工作與生活的話，其實可以考慮「定期傷害險」。

　　「傷害險」俗稱「意外險」，是保障意外所導致的傷害、失能（舊稱殘廢）或死亡，它的理賠條件必須同時符合「非疾病引起」、「外力所致」與「突發狀況」，保戶才能獲得理賠。因此，生病或自然死亡，都無法獲得理賠，而車禍、社區散步被樓上的花盆砸到、搭飛機失事等，才符合傷害險的理賠條件。

　　另外，出國旅行所投保的旅行平安保險，其保障內容也多半是指傷害險（學生在學校投保的學生平安保險或團體保險，多半同時包含傷害理賠與疾病住院醫療理賠保障）。

「定期」傷害險意味著保障並非終身，而且如果沒有發生需要理賠的事故，保費是拿不回來的。因此，能以相對低廉的保費，享受到高額的保障，對於預算不高的年輕人而言，有相對的吸引力。

傷害險分 3 種，死亡及失能需要優先投保

那麼，定期傷害險應該怎麼保呢？很多民眾都搞不清楚。其實，「傷害險」依照保險內容，可以分為 3 類型：

類型 1》死亡及失能

意外事故所造成的死亡或失能，可以理賠一大筆金額（例如 100 萬元～ 1,000 萬元），以主約的形式存在。

類型 2》傷害醫療實支實付

意外事故所造成的傷害，可以理賠醫療費用，通常有一定的上限（以 3 萬元～ 20 萬元最常見），多以附約的形式存在。

類型 3》傷害醫療住院日額

意外事故所造成的傷害，按照住院天數理賠（每天 1,000 元～ 4,000 元最常見），多以附約的形式存在。

按照「保險 3 原則」，本文所介紹的定期傷害險主要是指類型 1 的「死亡及失能」，也就是要符合「理賠金額大的優先購買」。

每個人考量的重點不同，以我自己為例，因為我已經有家庭，也投保了足額的定期壽險，但是我希望在意外事故方面有更多的保障，所以投保了 3 家保險公司的定期傷害死亡及失能險，保額合計 1,500 萬元。

傷害險的理賠條件除了意外死亡之外，我更重視的是「意外失能」。因為我如果不幸發生車禍，造成一隻手失能，對於平時工作需要用到雙手的我來說，恐怕就無法再從事目前的工作。

根據保險公司對於失能等級的定義（詳見知識補給站），一隻手完全失能，可以理賠保額的 50%，因此，1,500 萬元的保額，就能一次理賠 750 萬元的保險金，即能彌補工

知識補給站　失能等級共分成 11 級

傷害險的失能理賠共分為 11 級，分別理賠保額的 100%、90%、80%、70%、60%、50%、40%、30%、20%、10%、5%，而理賠項目共有數十個，民眾可以查閱各家保險公司傷害險保單中的「失能程度與保險金給付表」。

作收入的損失。假設保戶從 750 萬元裡面，每個月提領 2 萬元來當作基本生活費，足夠使用 375 個月（等於 31 年又 3 個月）之久。生活費能夠自給自足，就不會造成家人的負擔。

保費按照職業危險程度分級，內勤職員保費最低

不同於壽險、健康險是依據年齡計算保費，傷害險的保費是依據被保險人的職業危險程度分級。按照壽險公會制定的「台灣地區傷害保險個人職業分類表」，坐辦公室的內勤人員，屬於最安全的第 1 類職業，保費最低；需要常常在外出勤的外勤人員，就歸到第 2 類職業，保費稍微高一些。

表4-7 若從事的工作太危險,保險公司恐拒保

不同職業類別之保費

	（主約）意外傷害險─死亡及失能		
保額	1,000,000元	3,000,000元	5,000,000元
職業1~3類年繳保費	1,000元	2,900元	4,800元
職業4類年繳保費	1,980元	5,900元	無法投保

	（附約）傷害醫療給付─實支實付	
保額	30,000元	50,000元
職業1~3類年繳保費	540元	800元
職業4類年繳保費	1,130元	無法投保

註:本表保費乃參考多張產險公司之傷害險保單所得出的平均金額,實際保費請以各家保險公司規定為準

　　另外,像是登山嚮導、貨櫃車司機、有線電視架設人員等職業,則屬於比較危險的第 4 類職業,保費就比較貴。而第 4 類職業的傷害險(死亡及失能)保額上限只能到 300 萬元,傷害醫療保額只能到 3 萬元(詳見表 4-7)。最危險的第 5 與第 6 類,保額上限更低,同時保費也最貴,有些保險公司更是直接拒保。

　　如果不確定自己是屬於哪一類,一定要先向保險公司確認。如果投保之後有更換工作,使得職業類別產生變動,

也需要告知保險公司，以免被拒絕理賠。

　　以第 1 類至第 3 類職業為例，假設投保 500 萬元身故保障的傷害險，每年的保費 5,000 元有找。1 年 5,000 元獲得 500 萬元的保障，可以說是相當划算，特別適合以機車通勤的「機車族」，強烈建議一定要買！

產險公司的傷害險雖便宜，但無「保證續保」

　　民眾挑選傷害險時，經常會面臨選擇困難。由於「人壽公司」和「產險公司」都有賣傷害險，同樣的保額，人壽公司的保費會比較高，而且有些保單有「保證續保」條款，意思是就算當年有申請理賠，下一個年度還是能續保。

　　而產險公司的保費雖然比較便宜，還會有搭乘大眾運輸工具、電梯，以及燒燙傷等加倍理賠的條件，但是通常沒有「保證續保」條款，代表一旦申請理賠後，下一個年度「有可能」會被拒保，到時就得再另尋保單。

　　以我個人為例，都是投保產險公司的傷害險，因為保費

比壽險公司便宜。假如讀者擔心保證續保的問題，也可以先投保一家壽險公司的傷害險，第二家再投保產險公司的傷害險，以拉高保額。

對我而言，我認為自己最需要的是單純的意外傷害死亡及失能理賠，這是範圍最大、最沒有限制的項目。就算保單納入了各式各樣的保障內容，多增加的理賠，也都是由保險公司的精算師計算過，保戶自然得付出較高的保費成本。因此，即使是保費便宜的定期傷害險，也應該挑選保障內容愈單純的愈好。

還本型傷害險》
雖能拿回總保費　但資金效益低

　　前幾年曾經很流行一種「還本型傷害險」，吸引保戶的特點在於「保障終身」、「可以把繳出去的保費都拿回來」。不過，如果保戶仔細觀察保障內容後就會發現，同樣的保額，「還本型傷害險」的保費是「定期傷害險」的好幾倍。以 1 張保額 100 萬元的還本型傷害險為例，繳費 20 年，1 年的保費 2 萬元；如果改成產險公司的 1 年期定期傷害險，1 年的保費僅 1,000 元左右。

　　想要終身都有 100 萬元的保障，與其 1 年繳 2 萬元的保費，我會建議，乾脆改成投保「1 年期定期傷害險」，並且將剩餘的 1 萬 9,000 元，拿去做指數化投資（買指數型基金或 ETF）。我們就來比較看看，直接買 1 張「還本型意外險」與「定期傷害險＋存指數」，哪一種比較划算？

方案 1》1 張還本型傷害險，期滿領回保費且保終身

　　假設 35 歲的王先生，直接向保險公司投保 1 張繳費 20

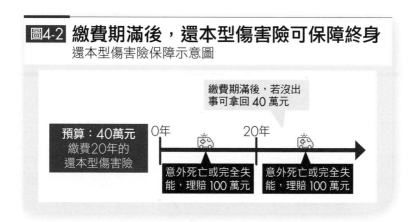

圖4-2 繳費期滿後，還本型傷害險可保障終身
還本型傷害險保障示意圖

年的還本型傷害險，可以獲得的保障如下（詳見圖 4-2）：

第 1 年～第 20 年：享有 100 萬元的保障

從 35 歲到 55 歲，這 20 年期間只要發生意外傷害，導致身故或完全失能，就能理賠 100 萬元。如果造成部分失能，則按照失能等級計算理賠金額。

第 21 年起：領回 40 萬元，終身有 100 萬元的保障

如果 20 年期間都平安無事，王先生在 56 歲時可以領回所有的保費（通常稱為「生存保險金」），而後終身還是享有 100 萬元的保障。這像不像是「免費送你 100 萬元

的意外傷害保障」？乍聽之下似乎很划算，但是，我們要問問自己：「花一樣多的錢，有沒有別的替代（或更佳）方案呢？」

方案 2》1 張定期傷害險＋「存指數」，還本金額更高

同樣準備 40 萬元來規畫傷害險保單，每年要付出的金額也是 2 萬元。如果 35 歲的王先生，每年只拿其中的 1,000元買定期傷害險，其餘的 1 萬 9,000 元都買進並且持有元大台灣 50（0050），他可以享有什麼保障呢？

第 1 年～第 20 年：享有 100 萬元保障

王先生在這 20 年中一共繳 2 萬元的保費，萬一發生意外傷害事故，這張定期傷害險保單，同樣理賠 100 萬元。

第 21 年起：累積約 74 萬元 0050，買定期險延續保障

如果王先生平安度過 20 年，定期傷害險保單停止繳交保費，保障就會終止，保費也拿不回來。由於王先生在 20年期間一共投入本金 38 萬元（1 萬 9,000 元 ×20 年）在元大台灣 50，股利滾入再投資，以年化報酬率 6% 計算，20 年後，56 歲的王先生約能累積到 74 萬元的資產（依

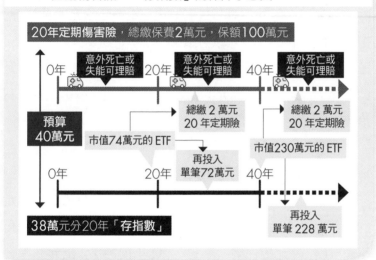

圖4-3 用定期傷害險＋「存指數」，還本金更高
定期傷害險＋「存指數」的保障示意圖

據元大台灣 50 成立以來至 2018 年年底的 15 年滾動報酬，平均年化總報酬率約 7.85%，本文只取 6%，而且暫不計算交易費用與稅負）。

比較一下，兩個方案前 20 年都有 100 萬元的理賠保障。第 21 年起，方案 1 只領到 40 萬元，方案 2 卻累積到市值 74 萬元的資產，「還本」金額更高（詳見圖 4-3）。

方案 2 在第 21 年起就沒有傷害險的保障了，該怎麼辦？很簡單，繼續用每年大約 1,000 元的保費購買定期傷害險，而且不必另外掏錢，只需要從 74 萬元的元大台灣 50 中，挪出 2 萬元，就可以再繳交 20 年定期傷害險的保費。王先生從 56 歲到 75 歲期間，還是能持續擁有 100 萬元的保障，而剩下 72 萬元的元大台灣 50 呢？繼續放著複利滾存。

第 41 年起：累積約 230 萬元 0050

再過 20 年，76 歲的王先生已經達到多家保險公司規定的投保上限（目前上限多為 75 歲或 80 歲），恐怕無法再享有 100 萬元的保障。不過，20 年前的 72 萬元此時會滾存到大約 230 萬元，而且這筆錢是在活著時就能使用，資金使用效率明顯較高！

也許你會說，方案 1 在 20 年繳費期滿時，也能將還本的 40 萬元拿去投資元大台灣 50。算一算就能知道，40 萬元累積 20 年後，僅能累積到約 128 萬元；雖然終身都有 100 萬元的傷害險保障，但是，要發生意外身故或完全失能才有理賠，資金運用效率明顯較低（詳見表 4-8）。

表4-8 還本型傷害險保費高，且不利資產成長

還本型傷害險與定期傷害險比較

	方案1》還本型傷害險		方案2》定期傷害險＋「存指數」	
費用	◎年繳2萬元的保費，20年共投入40萬元		◎年繳1,000元的保費，20年共繳2萬元 ◎每年投入1萬9,000元買0050，20年共投入38萬元	
前20年	同樣享有100萬元的傷害險保障			
第21年	保障	100萬元	保障	100萬元
	資產	將還本的40萬元，投入0050	資產	0050約能累積至74萬元，挪出其中2萬元繼續投保定期傷害險，剩餘的72萬元，繼續投入滾存
第41年	保障	100萬元	保障	若未達投保年齡上限仍可繼續繳費，享有100萬元保障（若達投保年齡上限則無法投保）
	資產	0050累積至128萬元	資產	0050大約能累積至230萬元
總結	第41年起，持續有100萬元的保障，但是所累積的資產較少		第41年起，所累積的資產較多，可以在生存期間自行運用，效率較高	

註：0050年化報酬率假設為6%

　　這就是我所倡導的「效率理財法」──不買還本型或終身型的保險，而是選擇「單純的定期險，同時投入指數化投資」。

不論是保險業務員當面介紹，或是看電視廣告，或是接到行銷電話，我身邊很多朋友都買了還本型傷害險的保單，因為他們多半心理上覺得「不用錢」、「免費」。

事實上，「免費的最貴」是不變的道理。別再以為買還本型保單是占了保險公司的便宜，它們有陣容強大的精算師，你我這種老百姓，別想算得贏那些專家。

可用定期傷害險取代，保額最好有 1000 萬

羊毛一定出在羊身上，這個原則也適用在其他所有的險種，例如：還本型生死合險（儲蓄險）、還本型健康醫療險、還本型壽險等。這類保單表面上看起來非常划算，但是，仔細精算後，其實很可能會阻礙你的財產增加速度、影響你的生活品質。

我們能夠運用的金錢是有限的，投入太多的金錢去繳保費，就會壓縮到可以用於投資的額度。尤其買這種還本型保險，會增加財富的，恐怕只有保險公司與其從業人員，而不是繳錢的保戶。

　　最後我要提醒一點，本文所舉的例子，保額都以 100 萬元為例，那是為了與還本型傷害險相比，希望有助於讀者理解。真正投保定期傷害險時，衷心建議至少買 2 張、保額合計 1,000 萬元以上，會更加安心。

失能險》
優選能領一次理賠金的定期險種

隨著台灣民眾愈來愈長壽，老年病痛的情況也益發受到重視。當我們年老無法照料自己、需要聘請看護時，最擔心的就是手頭現金不足。因此，如果預算足夠，民眾也可以考慮在身體健壯時投保商業保險，來解決未來可能產生的照護費用。

在投保之前，民眾一定要仔細了解，保單的「理賠條件」有什麼規定？是否符合需求？如果沒搞清楚就投保，最後才發現自己請領的標準，跟保險公司規定的不一樣，導致明明需要照護，卻申請不到理賠，那麼當初所繳的保費就沒有意義了。

以傳統的「長期照顧險」（簡稱長照險）為例，如果保戶誤以為只要聘請看護就可以由保險公司埋單，那誤會就大了。此類保單都有規定，保戶需要經過醫師評估，確定符合相關條件，才有理賠給付。

長照險的理賠條件多為「經醫院專科醫師診斷，確定符合約定之長期照顧狀態」，並且經過保險公司的「免責期」後（普遍為 90 天，按規定不得超過 180 天），確認仍然處於需要長期照顧的狀態，才能領到一筆保險金。之後如果持續符合條件，則可以持續領取分期保險金。

失能險與失能扶助險理賠容易，成近年熱銷商品

所謂「長期照顧狀態」一共分為兩類：一類是「生理功能障礙」，例如：進食、沐浴、更衣、如廁、平地行動、移位等 6 項，至少 3 項無法自行完成；另一類是「認知功能障礙」，即俗稱的「失智」，需要經專科醫師確認符合失智狀態，「同時」也無法分辨時間、人物、場所當中兩項的器質性痴呆（腦組織異常而導致的心理與行為異常）。

長照險的理賠條件較為嚴格，保費也偏高，直到近年陸續有保險公司推出「失能險」（理賠單筆金額）、「失能扶助險」（分期給付），理賠條件相對容易認定，因此掀起了一波投保熱潮。接下來文章會以失能險為主，探討老年照護的解決方案。

失能險》按失能等級一次性理賠

　　失能險舊稱殘廢險，2018 年 6 月 15 日起，《保險法》中「殘廢」一詞全面改為「失能」，因此，各家保險公司所販售的保單也必須跟著「正名」。失能險主要給付一次性的失能保險金，保戶符合理賠條件時，可以一次理賠一筆錢。

　　相較於傷害險只會理賠意外事故所造成的失能，失能險的理賠範圍包含了疾病與意外所造成的失能。因此，失能險可以說是在長期照護相關保單中，保障範圍比較大、理賠條件比較鬆的險種。

　　失能保險金是依失能等級表第 1 級到第 11 級，按照比率理賠。例如：保額 200 萬元，符合失能等級第 5 級，就能理賠保額的 60%，因此，被保險人可以申請一筆 120 萬元的失能保險金。而符合失能等級第 1 級，則理賠保額的 100%，則可以申請 200 萬元的失能保險金。

　　假設被保險人到達需要聘請看護的狀態，以外籍看護每個月費用約 2 萬 2,000 元來計算，10 年至少要支付 264

萬元（尚不考慮未來看護費用調漲，以及其他成本），因
此失能險的保額不宜過低。如果保額只有 100 萬元，連 5
年的看護費用都不夠。目前每家壽險公司大多以保額 500
萬元為上限，投保兩家就有 1,000 萬元的保額了。

失能扶助險》失能等級 1～6 級可分期理賠

失能扶助險舊稱殘廢扶助險，特色是分期理賠保險金，
通常以失能等級 1～6 級為條件，按比率定期給付，多為
1 年 1 次或 1 個月 1 次，但是有理賠上限。例如：符合失
能等級第 1 級，每個月理賠 3 萬元，可以連續理賠 180
個月（相當於分期 15 年），共能領到 540 萬元。

這類保單如果有約定「保證給付期數」，代表保戶一旦
符合條件，就可以領到的最低期數。意思是，假設保證給
付期數是 180 個月，不過，被保險人只領了 80 個月就過
世，其餘 100 個月的失能生活扶助保險金，將以約定的年
利率按剩餘年數貼現計算，一次給付給受益人（目前僅有
少數保險公司提供保證給付）。而「最高給付期數」則是
該保單的理賠期數上限，意思是，理賠超過最高給付期數
就不再理賠。

　　失能扶助險的保額，建議每個月 3 萬元以上，才足夠解決看護費用的問題。不過，我建議優先投保一次請領的失能險，如果有多餘的預算，再投保能夠分期請領的失能扶助險。

　　目前市面上的「失能險」多以附約的形式存在，不能單獨購買，必須要有壽險當成主約，然後才能附加上去。這就像是有些下午茶餐廳，規定要先點一杯飲料，才能加購鬆餅。但是，我最想吃的是鬆餅，因此，我一定會選擇一杯價格最便宜的飲料，如此一來才能壓低成本。

　　購買保險也一樣，既然我的重點是失能險，那就挑選最便宜的壽險主約來搭配。由於保險公司都會規定壽險主約的最低保額，因此，保戶可以直接選擇保額最低的保單即可。例如：以保額僅有 10 萬元的終身壽險為主約，或是保額 100 萬元的定期壽險為主約（需要附加「附約延續條款」，使得定期壽險到期後，附約仍然有效）。附約則選擇定期失能險，而且最好有保證續約條款。

　　以某家保險公司的商品為例（詳見表 4-9），30 歲男性

表4-9 **有附約延續條款，讓定期險保障不中斷**

失能險參考範例

	險種	保額	年繳保費	說明
主約	10年期定期壽險	100萬元	2,640元	繳費10年到期，因為有附約延續條款，所以不影響附約續保
附約	1年期失能險	500萬元	1,950元	保證續保到80歲，保費每1年～5年微幅調漲
總保費			4,590元	----

註：保費以 30 歲男性為例

可以投保的建議組合如下：

主約：選擇 10 年期定期壽險，保額 100 萬元，有附約延續條款，年繳保費 2,640 元。

附約：選擇 1 年期失能險，保額 500 萬元，有保證續約條款，年繳保費 1,950 元，只是保費每 1 年～ 5 年會微幅遞增。

這家保險公司規定此張定期壽險主約的最低額度為 100 萬元，因此，我們就用 100 萬元來規畫。繳滿 10 年後，

壽險保障雖然終止，但是，附約只要持續繳款，可以保證續保到 80 歲。

1 年期的定期險，保費通常會逐年遞增，有的費率是每年增加一次，有的是 5 年增加一次。但是，無論怎麼遞增，定期險前 20 年的保費，都比終身險便宜許多。

以 30 歲男性為例，同樣是保額 500 萬元、繳費 20 年的失能險，終身失能險年繳保費高達 4 萬 9,000 元，20 年總共要繳 98 萬元！而定期壽險加上定期失能險附約，前 20 年（30 歲初～ 49 歲末）的保費合計只要 10 萬 3,300 元，兩者差距高達 87 萬 6,700 元！

別忘了，你不只是需要投保失能險，還有壽險、傷害險，甚至可能還會想買重大傷病險、癌症險。如果全都選擇終身險，那麼所有保費加起來，相信不是普通上班族能夠負擔得起。

最可怕的是，如果預算有限，卻選擇投保終身失能險，一定會面臨保額不足的問題，例如：只買到 80 萬元、

100 萬元，足夠請幾年的看護呢？花了錢，卻沒有解決問題，其實是錯誤的投保。保險的價值在於——花的錢要足夠解決問題。

定期失能險＋「存指數」，取代終身失能險

一定有人會說：「終身險只要繳 20 年就能保障終身，定期險 21 年之後每年還要繼續繳保費耶！」沒錯，但是，換個角度想，上述 30 歲男性的定期失能險與終身失能險，前 20 年的保費差距 87 萬 6,700 元！如果這筆省下來的保費，分 20 年投入指數化投資，同樣能累積到一筆理想的資金，也可以當作未來看護費用的來源。

我們就來簡單試算一下，30 歲男性把每年省下來的終身險保費 4 萬 3,835 元（87 萬 6,700 元 ÷20 年），投入年化報酬率 6% 的 ETF（指數股票型基金），20 年後約能累積到 170 萬 9,200 元（在 Excel 輸入：「=FV(6%,20,-43835,0,1)」）。

到了 50 歲時，既然已經累積到 170 萬 9,200 元，就

可以賣掉一小部分的 ETF，繼續支付定期失能險的保費（或是直接用 ETF 的部分配息支付）。以現在的費率來看，50 歲男性的年度保費，也僅需要 6,050 元。

170 萬 9,200 元減去所要支付的保費 6,050 元，剩餘的 170 萬 3,150 元就繼續以 6% 年化報酬率滾存。假設下一年度也成長 6%，即能增值約 10 萬元，下一年度再從中提取部分金額繳交定期失能險的保費，依此類推。

按照這樣的方式，本金會不斷放大，一直到 80 歲那年，繳完最後一期的定期失能險保費 13 萬 1,450 元之後，ETF 的總市值約能到達 800 多萬元。81 歲之後，不能繼續投保定期失能險該怎麼辦呢？就靠這筆 800 多萬元專款專用囉，金額還比原本的 500 萬元保額更多！

保險最大的功能，是用來解決時間太趕、來不及準備的「巨大」財務風險，而保戶以支付保險費為代價。當然，如果時間足夠，自己慢慢準備，也是一種解決方法。例如：擔心老年需要請看護，就趁著年輕有工作收入時，將看護費一點一滴先存起來。

　而我最推薦的方法，就是本文所介紹的方案──把原本打算買終身失能險的預算，拿來買定期失能險，另外再自己「存指數」，兩者並行。直到 80 歲前，定期失能險與終身失能險所能獲得的保障都是一樣的。差別是從 81 歲起，靠自己「存指數」所能累積的資產，將會比終身險的保額更高！如果可以健康活到老，多存的這筆錢還能做更靈活的運用。

健康險》
重大傷病險保障廣　應最先投保

很多人可能沒有投保壽險、傷害險、失能險,但是,通常都會有張住院醫療險,在《保險法》中,它被歸類在健康保險的一種。

健康保險的分類不只如此,除了失能險之外,還有其他跟醫療費有關的保險,依照保障範圍、理賠金額大小的順序是:重大傷病險、癌症險、住院醫療險,因此,民眾投保的先後順序,最好也能以此為原則。接下來,我們就先來簡單認識一下這 3 個險種:

重大傷病險》持有健保重大傷病卡為理賠標準

重大疾病相關的健康保險共有 3 種:重大疾病險、特定傷病險與重大傷病險,其中,「重大疾病險」是三者當中最早問世,主要承保範圍共有 7 項:癌症、心肌梗塞、冠狀動脈繞道手術、腦中風、慢性腎衰竭(尿毒症)、癱瘓、

重大器官移植手術。

後來市場上出現了「特定傷病險」，承保多種疾病，但是，各家保險公司的規定不盡相同，從 10 幾項到 20 幾項不等，可以簡單歸納為 3 類：1. 完全包括前述 7 項重大疾病、2. 部分包括、3. 完全排除。要注意的是，有的特定傷病險可能會把癌症排除在外，因此，保戶在投保前要仔細審閱保單條款。

最晚出現的「重大傷病險」，保障範圍最廣泛，以持有全民健保的重大傷病卡為理賠標準，因此，理賠的前提是要具備健保身分，而優點是癌症有包括在內。

要注意的是，通常保險公司的保單條款會註明：「全民健康保險重大傷病範圍，但不包含以下項目：⋯⋯。」也就是說，仍然有某幾項傷病是不理賠的（依據保險公司條款而定，此處無法一一列舉）。

這 3 種保險究竟該怎麼選擇呢？當然是保障範圍愈大愈好。因此，如果你現在才打算投保重大疾病類的健康保險，

可以優先考慮「重大傷病險」，只要符合理賠條件，就能一次理賠一大筆錢，例如：一次理賠 300 萬元，讓保戶能安心治療、養病。

癌症險》按癌症等級理賠，有多餘預算可加保

癌症（又稱為惡性腫瘤）長期名列國人十大死因的第 1 名，雖然聽起來很可怕，但是，現代醫療技術不斷進步，只要能及早發現、妥善治療，並且定期追蹤，多數患者還是可以維持正常生活。要與癌症共存，最現實的問題就是需要足夠的治療費。

除了上述可以一次理賠幾百萬元金額的重大傷病險之外，如果保戶的預算充足，還可以針對癌症險進行投保，以加強自身保障。

現在的癌症險主要分成 3 種理賠等級：初期、輕度與重度，各家保險公司有不同的設計，保費也會依年齡增加。以 30 歲男性投保 1 年期癌症險 60 萬元保額為例，A 公司保費為 1,656 元，初期與輕度癌症都賠 9 萬元，重度則

為 60 萬元，外加癌症住院每天 7,200 元病房費等多個項目。B 公司保費為 618 元，初期癌症理賠 3 萬元、輕度賠 9 萬元、重度賠 60 萬元，但是沒有額外的住院醫療費。讀者可以多方比較，按照自己的需求與預算挑選。

住院醫療險》有住院才有理賠，定期優於終身

住院醫療險理賠主要有兩類：住院的「病房費」與開刀的「手術費」。投保前要先了解：住院醫療險中的住院日額，只有住院時才有理賠，沒有住院就沒有理賠喔！

隨著醫學進步，很多以前需要住院才能動的手術，現在都變成門診手術，意思是當天在門診開完刀就能回家休息了。另外，住院的天數也不是想住多久就能住多久，有的保戶以為，1 天領 2,000 元，住 10 天就有 2 萬元了。事情不是我們想得那麼容易，假如醫師評估沒有住院的必要，就會要求病患回家療養，把病床留給真正需要的人。

我身邊最多人擁有的保單就是「終身住院醫療險」，如果是 20 年前投保，保費的確相當便宜。不過，如果民眾

是現在才投保的話，保費就非常貴了。以 30 歲男性為例，現在投保住院日額 2,000 元的「終身住院醫療險」，年繳保費就要 3 萬 3,800 元，20 年總繳保費就高達 67 萬 6,000 元。以上述這份保險的保額來看，手術所能理賠的金額如下：

小手術：一些不必住院的門診手術，例如：長針眼、睫毛倒插等，一次理賠大概 2,000 元、4,000 元。

大手術：心臟、腦部等重大手術，一次約理賠 10 萬元～12 萬元。

上述的理賠金額，假如改為「定期醫療險」，30 歲男性只要年繳 5,100 元的保費就買得到，大約是終身醫療險保費的 15%，而且可以保證續保到 75 歲。

我曾經聽過友人喜孜孜地說：「我買終身醫療險好棒喔，開刀住院竟然理賠快 9 萬元耶！」我當場詢問：「請問你 1 年保費要繳多少？ 20 年總繳幾萬元呢？」他支支吾吾地回說：「嗯，都是從帳戶扣繳，我沒仔細看啦。」我敢說，

對方「繳出去的保費」肯定比拿到的理賠金還要多，比較起來並沒有「賺」到，他自己心中的算盤一打就知道，因此不敢講。

保險並非投資，獲得理賠金並不是「賺」到

上述 20 年總繳保費 67 萬 6,000 元的終身醫療險，小手術可能才理賠幾千元，住院日額 1 天也才理賠 2,000 元，假如要理賠到 9 萬元，他的總保費要繳多少錢才「划算」呢？即使是早期購買的保險，估計 20 年的總保費，恐怕也要 100 萬元以上。

如果你下次聽到有人分享「住院領到多少錢」或「手術賺了多少錢」，千萬別衝動跟著投保，要先想想：「我一輩子要住院幾天才抵得過 60 萬元、70 萬元的總繳保費呢？」能站在你面前分享「賺錢」喜悅的小手術，一輩子要動刀幾次才「回本」呢？

羊毛出在羊身上，理賠金其實都是自己所繳的保費，因此，不妨直接購買保費較低廉的定期險即可。

　　另外，因為定期健康險多以附約的形式存在，所以必須搭配一個壽險主約（選擇最低保額即可）。以 30 歲男性為例，可以參考以下兩種投保範例（詳見表 4-10）：

範例 1》低額壽險搭配 3 張定期健康險

主約：終身壽險保額 10 萬元。

附約：1 年期重大傷病險保額 300 萬元、1 年期癌症險（6 單位）、1 年期住院醫療險（2 單位）。

　　前述的「套餐」每年的保費僅需要 1 萬 9,766 元。至於定期險的部分，未來的保費會隨著年齡調漲。

範例 2》低額壽險搭配 2 張定期健康險（必須備有「自用醫療保險預備金」）

主約：終身壽險保額 10 萬元。

附約：1 年期重大傷病險保額 300 萬元、1 年期癌症險（6 單位）。

　　還記得第 1 課所講的「自用醫療保險預備金」20 萬元嗎？如果你已經備足這筆錢，就可以考慮這組「套餐」，

表4-10 要有壽險當主約，才能附加定期健康險

健康險參考範例1

	險種	保額	年繳保費	說明
主約	終身壽險	10萬元	3,170元	20年繳費終身險
附約1	1年期 重大傷病	300萬元	9,840元	保證續保到80歲
附約2	1年期 癌症險 （6單位）	重度癌症60萬 元，癌症住院 每天7,200元	1,656元	保證續保到70歲
附約3	1年期住院 醫療險 （2單位）	住院每天 2,000元或雜 費12萬元	5,100元	保證續保到75歲
總保費			19,766元	1年期保費每1 年～5年微幅調漲

健康險參考範例2

	險種	保額	年繳保費	說明
主約	終身壽險	10萬元	3,170元	20年繳費終身險
附約1	1年期 重大傷病	300萬元	9,840元	保證續保到80歲
附約2	1年期 癌症險 （6單位）	重度癌症60萬 元，癌症住院 每天7,200元	1,656元	保證續保到70歲
總保費			14,666元	1年期保費每1 年～5年微幅調漲

註：保費以 30 歲男性為例

也就是連定期住院醫療險都不用投保，健康保險只保定期重大傷病險與癌症險。以 30 歲男性為例，每年總繳保費只需要 1 萬 4,666 元。

範例 2 所提供的保障，是當你有住院醫療與小額手術費用的需求時，就從「自用醫療保險預備金」中賠給自己。至於嚴重的大手術，多半是發生了重大傷病，因此也會符合定期重大傷病險的理賠條件，就能一次請領數十萬元、甚至是數百萬元的保險金。

「自用醫療保險預備金」的觀念是來自於保險學教科書上的「自我保險（self-insurance）」，它其實不算是保險，只能算是一種「危險自留」的方案。回到保障的初衷，自己負擔不起的大額損失才需要買保險，既然已經存了 20 萬元的「自用醫療保險預備金」，或許可以考慮採用「危險自留」的方式，不必額外花錢去買小額理賠的保險。

有預算買終身醫療險，不如買定期險＋「存指數」

如果你真的有預算，也有能力負擔終身醫療險的保費，也可以把預算分成兩個部分：一部分投保定期住院醫療險組合、一部分投入指數化投資。

以 30 歲男性為例，投保日額 2,000 元的終身住院醫療

險，年繳保費為 3 萬 3,800 元，20 年的總預算保費將近 68 萬元。

如果把 68 萬元分成兩部分：一部分買相同保額的定期住院醫療險，20 年保費只要 12 萬元左右。其餘 56 萬元則分成 20 年買元大台灣 50（0050），以年化報酬率 6% 計算，20 年後約能累積至 109 萬元（在 Excel 輸入：「=FV(6%,20,-28000,0,1)」）。

如此一來，30 歲到年滿 50 歲前，都有定期住院醫療險的保障。50 歲之後，投資 0050 所累積的本利和已經有 109 萬元左右，可以算是第 2 筆「自用醫療保險預備金」的財源，以住院 1 天理賠 2,000 元來看，足夠理賠 545 天了！因此，50 歲之後保戶或許可以選擇不再投保住院醫療險。如果持續沒有動用到這筆錢，就繼續放在股票帳戶中，以長期 6% 複利滾存來增值，讓資產自動長大。

事實上，所有險種的終身險與定期險，保費差距都相當大。以某家保險公司的保單為例，30 歲男性投保保額 300 萬元的終身重大傷病險，年繳保費為 11 萬 9,400 元，

20 年總繳保費高達 238 萬 8,000 元。如果是終身癌症險，最高上限只能買到 5 單位（比定期險少 1 單位），30 歲男性的年繳保費為 2 萬 2,530 元，20 年總繳保費高達 45 萬 600 元。

　　30 歲男性的終身健康險組合套餐，合計年繳保費多達 17 萬 5,730 元，是定期險的 10 倍左右（詳見表 4-11）。你身邊有幾位 30 歲的上班族，有能力負擔這麼高額的保費呢？

　　雖然 1 年期的定期險保費每 1 年～ 5 年會微幅遞增，但是，你只要負擔約 1/10 的保費，這樣才符合「低保費買到高保障」、最適合一般上班族的方案。同樣地，如果你真的有多餘的預算，就去「存指數」，我就不一一計算了。

　　保險業其實是與時俱進的行業，理賠項目隨著醫學進步而逐漸擴大，也愈來愈符合民眾的需求。其實，除了人身保險之外，財產保險也是隨著時代演進而不斷創新，早在 13 世紀航海貿易時代就有海上保險，保障船舶與貨物；汽車有汽車保險，有民航機之後就有航空保險等。

表4-11 終身健康險套餐保費是定期險的10倍

定期險vs.終身險的保費差距

險種與主要保險內容	年繳保費	
	定期險	終身險
附約1 重大傷病300萬元	9,840元	119,400元
附約2 癌症險最高單位》 **定期險6單位：** 重度癌症60萬元；癌症住院 每天7,200元 **終身險5單位：** 重度癌症50萬元；癌症住院 每天6,000元	1,656元	22,530元
附約3 住院醫療險（2單位） 住院每天 2,000元或雜費 12萬元（二擇一）	5,100元	33,800元
總保費	16,596元	175,730元

註：保費以 30 歲男性為例

　　大學就讀保險系時，我就覺得，以純保障的功能來看，保險真的是很棒的工具。只是現在有些保險業者為了賺取更多的佣金，並沒有替保戶規畫完善的保障，反而讓保戶誤以為保險是存錢、投資的工具。保戶因此每年投入幾十萬元、幾百萬元的保費，卻忽略它的本質，導致沒有買到足額保障，實在非常可惜。

兒童保單》
替孩子投保 掌握「1不2要」

為人父母總想給孩子滿滿的愛，這是人之常情，尤其現代人愈來愈有保險意識，當孩子一出生，新手父母們就會積極為孩子規畫保險。由於兒童的保費便宜，父母為了給孩子最好的保障，往往很容易買到不需要的保險。到底孩子的保單該怎麼規畫？可掌握以下「1要2不」的3重點：

重點1》不要幫小孩買太多保險，父母自己卻沒投保

孩子沒有謀生能力，父母就是孩子最大的保障。父母身故、或因為傷病失去工作能力，使得家中失去經濟來源，才是孩子最大的風險。因此，父母必須先買足自己的定期壽險，並且依能力依序投保傷害險、失能險、重大傷病險、癌症險、定期醫療險。如果還有預算，再買小孩的保險，才是正確的投保順序。

倘若父母為孩子買太多保險，身為家庭支柱的自己反而沒有保，也沒有足夠存款或投資累積資產，萬一父母不幸

過世了，留給孩子的只有一大疊繳不出保費、終將成為廢紙的保單，沒有父母樂見這個結果。

　　法律規定（根據《保險法》第 107 條），父母若替未滿 15 歲的孩子投保壽險或傷害險，無法獲得死亡給付，僅能領回加計利息後的保費。況且，孩子也並非家中經濟來源，因此兒童保單最不重要的就是壽險。只是在實際投保時會發現，許多定期險都是附約，一定得投保壽險主約，那就選擇最低的保額即可。

　　至於滿 15 歲的孩子，父母有需要替他們投保壽險嗎？也不需要，再次強調，壽險的功能是留一大筆錢給心愛的家人，彌補因為家庭主要收入來源中斷造成的財務缺口。孩子有負責繳房貸嗎？有要撫養未成年子女嗎？他自己都需要人家扶養了！沒在賺錢養家、不必負擔家庭開銷的孩子，便沒有壽險保障的需求。因此即使孩子不幸過世，家中也不會有收入中斷的煩惱，孩子也就沒有投保壽險的需要。

重點 2》要著重在孩子的醫療保障

　　為孩子買保險，只有一個理由——避免高額醫療費用，

造成龐大的家庭財務風險。因此只要把投保重點放在癌症
險、住院醫療險，以及失能險即可。千萬別為了以存錢為
理由，買了有還本功能、保障功能卻不足的儲蓄險或投資
型保險。

重點 3》要挑選有保證續保的「定期」健康險種

　　很多父母認為兒童保費便宜，多會選擇終身型保險。不
過，我仍然建議以 1 年期的定期健康險為主，同時一定要
有「保證續保」條款；這樣一來，就算投保期間申請理賠，
仍然可以持續投保（最高多能投保至 70 歲或 75 歲）。

壽險主約選最低保額，定期健康險選最高保額

　　接著就根據上述重點，提供 3 組 0 歲～ 14 歲兒童保單
範例（保費以 0 歲男童為例）。這 3 個範例，重點都是定
期健康險（例如癌症險、住院醫療險、失能險），且最好
能買到最高保額。

　　定期健康險幾乎都不能單獨投保，因此必須先買一張終
身壽險當作主約，保額選最低的 10 萬元即可；0 歲男童、

繳費年期 20 年，年繳保費只要 1,000 多元。終身壽險繳費期滿後，終身都有效，將來就可以持續附加需要的定期健康險，直到該保單規定的年齡上限（例如 70 歲、75 歲）為止。

另外，保障範圍最大的健康險「1 年期重大傷病險」，限制滿 15 足歲才能投保，因此不會出現在以下範例當中。如果讀者的孩子已年滿 15 歲，可參考上一篇文章自行增加規畫（相關內容詳見第 248 頁）。

範例 1》附加定期癌症險＋住院醫療險

附約 1：1 年期癌症險 6 單位

功能：重度癌症一次給付 60 萬元，癌症住院日額每天給付 7,200 元

這張 1 年期癌症險保單規定，最多能買到 60 萬元的罹癌理賠（6 單位），還有癌症住院日額給付 7,200 元，年繳保費 1,400 多元。

以這樣的理賠與繳費比率來看，相對而言是很便宜的高

CP 值癌症險。以同一家保險公司的 20 年繳費期終身癌症險比較，1 單位年繳保費 2,604 元；但是這張 1 年期癌症險，1 單位年繳保費僅需要 235 元，保費僅約終身癌症險的 1/10。雖然只有一年期，但有保證續保到 70 歲的條款，所以可以持續保到老。

這類 1 年期的保險，保費會隨著年齡增加而逐步調漲，比如 1 年或 5 年調一次。即使如此，跟保費昂貴的終身險相比，省下的保費可以另外拿去投資增值，整體而言還是很划算的。

附約 2：1 年期住院醫療險 2 單位
功能：額度內住院（實支實付）每次限額 12 萬元，或住院日額每天 2,000 元（2 擇 1）

這張 1 年期醫療險保單規定，最多能買到 2 單位的醫療險，0 歲男童的年繳保費約 2,200 元。可提供 2 擇 1 的住院理賠：一是依住院天數給付每日 2,000 元（免收據）。二是實支實付（要收據），住院雜費給付上限為 12 萬元，也算是很便宜的住院醫療險。

表4-12 以癌症險＋住院醫療險打造健康防護網

兒童保單參考範例1

	險種	保額	年繳保費	說明
主約	終身壽險	10萬元	1,740元	繳費20年期，終身有效
附約1	1年期癌症險（6單位）	重度癌症60萬元；癌症住院日額7,200元	1,410元	保證續保到70歲
附約2	1年期住院醫療險（2單位）	住院日額2,000元或實支實付雜費上限12萬元（2擇1）	4,300元	保證續保到75歲
總保費			7,450元	1年期保費每1年～5年微幅調漲

註：保費以0歲男童為例

　　要注意的是：「住院醫療」是有住院才賠，沒住院就沒有。同樣有保證續保到75歲的條款，0歲～23歲皆採取固定的保費。而這組保險組合，0歲男童年繳保費為7,450元（詳見表4-12）。

　　如果選擇範例1，而且父母可以撥出每個月3,000元的預算，也可以考慮替孩子存一筆未來的「住院醫療保險預備金」。例如每個月定期定額投資元大台灣50（0050），

以年化報酬率 6% 計算，20 年後約可累積至 139 萬元（Excel 輸入：「=FV(6%/12,240,-3000,0,1)」，未納入交易費用與稅負）。

　　這樣一來，孩子在 20 歲前都能夠擁有定期住院醫療險的保障，20 歲之後，元大台灣 50 的市值已累積到大約 139 萬元，這筆錢要作為住院醫療費用等小額理賠的資金來源，已經相當足夠了。因此屆時定期住院醫療險已經功成身退，孩子也不必再花錢去購買，可以說是送給孩子 20 歲成年的好禮物。

範例 2》只附加定期癌症險

　　如果父母已經先幫孩子存了 20 萬元的自用醫療保險預備金，那麼也可以考慮採用「危險自留」的方式，讓自用醫療保險預備金負擔小額醫療費用。保險的部分，則只買壽險主約以及定期癌症險。

　　定期癌症險可以買到最高單位，加上壽險主約，0 歲男童的年繳總保費也只需要 3,150 元，可以大幅減輕父母的經濟負擔。

表4-13 針對癌症險加強保護，保費相對便宜

兒童保單參考範例2

	險種	保額	年繳保費	說明
主約	終身壽險	10萬元	1,740元	20年繳費終身險
附約	1年期癌症險（6單位）	重度癌症60萬元；癌症住院日額7,200元	1,410元	保證續保到70歲
總保費			3,150元	1年期保費每1年～5年微幅調漲

註：保費以 0 歲男童為例

範例 3》只附加定期失能險

以上範例 1 與範例 2 可以擇一，如果擔心孩子不幸發生失能（包括疾病或意外失能）所可能產生的醫療費用，也可以考慮加買失能險來轉嫁風險。

這張定期失能險是與範例 1、2 不同保險公司的商品，未滿 15 歲最高保額 200 萬元，年繳保費不到 1,000 元，相當便宜。

不過，用來搭配的終身壽險主約，會有較高的門檻規定，最低保額需為 30 萬元（此保險公司規定，失能險保額不能

超過壽險保額7倍），20年繳費期的年繳保費就要5,460元，與失能險保費合計6,220元（詳見表4-14）。

不過，滿15歲之後，此張失能險的保額，最高可調整到500萬元，且可以保證續保到80歲。別忘了，20歲時就會把終身保費繳完，21歲後只需要繳定期失能險保費，整體而言是條件相當不錯的失能險保單。

前述範例都是以終身壽險主約搭配定期健康險種，為什麼不乾脆買終身健康險呢？比較一下就知道，範例1組合年繳保費只需要7,000多元，如果改成買相同保額的終身癌症險＋終身醫療險，1年保費至少貴3萬元，20年總保費差額60萬元。這還只是一個人的保費而已，如果你有2個或3個孩子，家庭的財務負擔會更重，因此定期險還是最理想的規畫。

兒童保單規畫重點：轉嫁難以承擔的高額醫療費

最後做個總整理。幫未滿15歲的孩子規畫保單，首要考量是「難以承擔的高額醫療費」，目的是萬一發生事情時，

表4-14 加強失能險保障，年繳保費僅多760元
兒童保單參考範例3

	險種	保額	年繳保費	說明
主約	終身壽險	30萬元	5,460元	20年繳費的終身壽險
附約	1年期失能險	200萬元	760元	保證續保到80歲
總保費			6,220元	1年期保費每1年～5年微幅調漲

註：保費以 0 歲男童為例

能有一大筆錢可以幫忙解決問題，建議父母只需要為孩子投保定期癌症險、定期醫療險以及失能險。

父母難免擔心，孩子的定期健康險，大多只能保證續保到 70 歲、75 歲，老年時期不能續保怎麼辦呢？還是老話一句：靠自己。保險理賠並非免費贈送，是要繳付保險費去換來的，當然要用較低的成本，享有較高的保障！

父母可以早點為孩子培養正確的理財觀念，教導孩子有工作能力後，就開始撥出部分收入投入指數化投資，逐漸累積一大筆錢，到了中年、壯年甚至老年之後，自然也不必擔心付不出醫療費。

儲蓄險》
提前解約不保本 想儲蓄應放定存

許多人會買「儲蓄險」來理財，儲蓄險真的有類似定存的效果嗎？《保險法》中，關於人身保險的分類，共分為4大類別：人壽保險、傷害保險、健康保險與年金保險，其中與「定存」最相似的只有「年金保險」，也就是單純以生存為給付條件的生存險，因此，年金保險又被稱為「類定存」。

目前主流的年金保險，是一種「利率變動型年金保險」，運作方式通常是保戶在繳費期間（年金累積期）把保費繳給保險公司，外加一筆行政費用（附加費用），然後每年給一個預估報酬率（宣告利率），替你慢慢累積這筆金錢（保單價值準備金），最後在約定時間（年金給付期）讓保戶領回。

不過，現在大家所說的「儲蓄險」，其實是壽險的一種，而且是結合死亡險與生存險兩種功能的「生死合險」，保

險名稱通常是「還本型養老保險」、「還本型終身壽險」與「增額還本保險」等。

儲蓄險的運作方式是分期繳費，常見的期間有 6 年期、10 年期、20 年期等，近幾年甚至還有 2 年期與 3 年期的商品。繳費期間，保險公司會定期（例如每年或每 2 年）給付一小部分生存保險金；繳費期滿，保險公司再繼續定期給付一部分的生存保險金，直到保戶身故。

標榜可以「領終身」，吸引大批保戶投保

保戶身故之後，家屬可以領回身故保險金，金額大概就是累積總繳保費再增加一些利息。要是保戶到達約定年齡（通常是 96 歲或 101 歲）仍然在世，則可以領回一筆滿期保險金，契約至此結束。

儲蓄險標榜活著可以領錢、死了也可以領錢，聽起來好像是繳一筆保費，有雙重享受？其實，儲蓄險是把兩份保單合在一起，因此會比單純買一份生存險或單純買一份死亡險要來得貴。

會購買儲蓄險的保戶，通常是被這樣的話術吸引：「繳了2年（或6年）之後就不用再繳，然後第7年開始，每年可以領X萬元，領終身喔。」通常，一般人看到「每年領X萬元」很少不會感到心動！

有的儲蓄險還標榜可以「領三代」，也就是現在父母為要保人，並且以孩子為被保險人投保，將來每年的生存保險金由父母領；父母辭世後，就改由孩子自己領；將來孩子過世後，還可以給他的孩子（也就是要保人的孫子）領。富傳三代，聽起來真好。另外，有些保戶的購買理由是「我的錢放在身邊會亂花，買儲蓄險可以強迫儲蓄。」

但是，你有沒有想過，如果只是被「儲蓄」的概念吸引，為何不直接將錢放銀行做定存？雖然定存有約定存款時間，但是，無論何時提前解約，都不會損失本金！你存100萬元的本金，解約就是拿回100萬元，頂多利息會打折。

然而，儲蓄險就不是這麼一回事了。以過去常見的6年期、10年期、20年期等中長年期的儲蓄險為例，保戶在投保之後，一旦在繳費期間解約就無法百分之百拿回你所

繳出去的錢。萬一民眾誤把儲蓄險當成緊急備用金，臨時有緊急用途而解約，是相當吃虧的。即使近幾年熱銷的 2 年期、3 年期還本型終身險，也不是繳費期滿解約就沒有損失，同樣也會有賠本的風險。

將錢放銀行定存，行員沒有佣金，而且銀行還要支付我們利息！但是，購買儲蓄險，金融業者與保險業務員都有佣金收入，也就可以賺到我們的錢。許多人應該都聽過身邊保險業的朋友，因為業績優異而被公司招待出國。但是，我還不曾聽過哪個銀行行員，因為招攬許多定存而被公司招待出國。單純以儲蓄功能而言，定存才是最好的選擇。

直接「存指數」，報酬將比儲蓄險高更多

再以某家保險公司於 2019 年推出的 2 年期還本型終身險為例，假設前 2 年各繳 200 萬元，總繳保費 400 萬元，再過 4 年，進入保單的第 7 年度，每年可以領到總繳保費的 3%，也就是 12 萬元，相當於每個月領 1 萬元，可以領到終身，類似月退俸的概念，聽起來的確相當吸引人。同樣地，我們可以想想有沒有其他更好的替代方案？

例如，有 400 萬元的預算，改成「存指數」，成果會如何呢？前 2 年分別投入 200 萬元，採用指數化投資，假設年化報酬率 6％，2 年本利和約為 436 萬 7,200 元（在 Excel 輸入：「=FV(6%,2,-2000000,0,1)」）。這筆錢放著不動，4 年後約能累積到 551 萬 3,400 元（在 Excel 輸入「=4367200*(1+6%)^4」）。

假設這筆錢繼續放著不動，每年只從中提領增值的 6％，那麼你每年也可以提領到約 33 萬元，相當於每個月可以領到約 2 萬 7,500 元，領到終身，永遠領不完。這樣算下來，「存指數」每個月的提領金額約是 2 年期還本型終身險的 2.75 倍，這筆 551 萬 3,400 元的本金也能傳給你的孩子、你的孫子，一樣可以領三代、富三代。

除了儲蓄險之外，很多民眾也喜歡買「投資型保險」，因為它兼具保險與基金投資的功能。投資型保險是一種「統稱」，它依據有沒有壽險保額、能不能彈性繳費，又分為「變額壽險」、「變額萬能壽險」，以及「變額年金險」（無壽險保額）。說穿了，投資型保險也是種壽險；另一方面，保險公司會收取一些費用，替你購買基金。你以為你是在

表4-15 儲蓄險若未到期就解約，會損失本金
儲蓄險與定存的比較

項目	定存	儲蓄險	年金險
性質	單純把錢存在銀行，為純儲蓄	結合生存險與死亡險（壽險），因此保費比單純的生存險更高	單純的生存險，約定一段期間後，定期領回保險金，不過無壽險保障的功能
有無佣金	無	有	有
提前解約是否保本	保本。任何時候解約都能拿回存款本金，頂多利息被打折	不保本。繳費期間解約，無法拿回全額已繳費用。如果是2年期、3年期的儲蓄險，在前幾年解約也不保本	不保本。繳費期間解約，得扣除解約費用（保單價值準備金×解約費用率）

投資基金？其實，你只是買了一份變額壽險的保單。

同樣地，我們先忽略可有可無的壽險保障，直接來看看，透過「投資型保險」買基金，以及直接投資基金，兩種方式有什麼差別？假設條件為：

1. 每個月都投入 5,000 元（包含手續費），投資標的皆為同一檔股票型基金；2. 投資基金的買進佣金（國內通稱為「手續費」）每年固定 1.5%；投資型保險（此以一般變

額壽險為例）的佣金是，前 5 年所收取總保費的 150%；
3. 投資型保險大多不另外收取基金申購費，但是會每個月
額外收一筆 80 元～ 120 元不等的帳戶管理費。此處試算
條件假設每個月的帳戶管理費為 100 元。

來看看投資 30 年後，兩者實際投入在基金的本金變化
（詳見圖 4-4）。第 3 年年底，投資於基金的累積本金有
17 萬 7,000 元、投資型保險僅 9 萬 9,000 元，後者大
約只有前者的 56%。接下來無論是第 10 年年底、第 20
年年底與第 30 年年底，投資型保險實際投入在投資的本
金都落後給一般基金。

投資型保險的保費有 3 種用途，並非全用於投資

為什麼會有如此的差異呢？因為購買投資型保險（以下
以變額壽險為例），保戶所繳的保費並不是全部拿去投資
基金，其用途共分為 3 種：佣金、危險保費與投資基金：

用途 1》佣金

佣金包括保險業務員的獎金，以及保險公司的行政文書

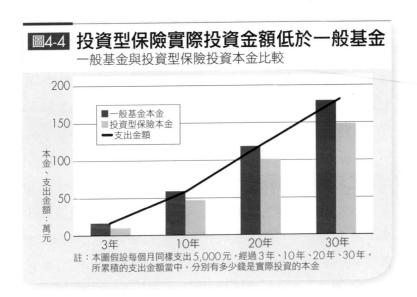

圖4-4 投資型保險實際投資金額低於一般基金

一般基金與投資型保險投資本金比較

圖例：
- ■ 一般基金本金
- ■ 投資型保險本金
- — 支出金額

（縱軸：本金、支出金額：萬元；橫軸：3年、10年、20年、30年）

註：本圖假設每個月同樣支出 5,000 元，經過 3 年、10 年、20 年、30 年，所累積的支出金額當中，分別有多少錢是實際投資的本金

費用等。早期第一代的投資型保險，第 1 年的佣金就高達年繳保費的 100%。例如：每個月繳 5,000 元，第 1 年共繳了 6 萬元，這 6 萬元的保費全都給保險公司當佣金了，沒有一毛錢會投資到基金。要等到第 2 年、第 3 年之後，佣金的比率降低了，才會漸漸增加投資基金的金額，這在當時造成很多的保險申訴與糾紛。

後來主管機關要求訂出一個佣金比率上限（台灣稱為「附

加費用率」），前 5 年的佣金最高「合計」只能達單年保費的 150%。例如：第 1 年到第 5 年，各年度佣金占保費比率，分別是 60%、45%、15%、15%、15%，合計為 150%。假設年繳 6 萬元保費，前 5 年合計只能收取 9 萬元（6 萬元 ×150%）的佣金。

用途 2》危險保費

保險公司只能銷售保險商品，即使名義上你是要投資基金，事實上，只要你跟它們買的是變額壽險（或變額萬能壽險），就必然會有一定額度的壽險保障，例如：30 萬元或 100 萬元。而壽險保障的保費，就稱為危險保費。例如：30 歲男性、100 萬元壽險保額，1 年的危險保費大約要 1,500 元。事實上，自行投保 1 年期定期壽險，差不多也是這個費用。

用途 3》投資基金

保險公司將保費扣除佣金與危險保費之後，剩下的部分才拿去投資基金。假設 30 歲男性，投保壽險保額 100 萬元的投資型保險，第 1 年的佣金率占保費的 60%，每個月保費 5,000 元（年繳保費 6 萬元）。第 1 年的保費在扣

圖4-5 保費需先扣除2筆費用後，才去買基金
投資型保險購買基金金額

保費 － 佣金 － 危險保費 ＝ 投資基金

除佣金與危險保費後，剩餘的 2 萬 2,500 元，才是實際投入基金投資的本金（詳見圖 4-5）。

投資型保險佣金高，所收費用高於一般基金

由此可知，投資基金只是投資型保險的其中一種用途而已，然而，保戶往往誤解為保費會全部都去投資基金。從圖 4-4 可知，投資基金與購買投資型保險，前幾年的累積投資本金出現如此巨大的差距，主因就是高額的佣金。

除此之外，有的保險公司還會收取每個月 80 元到 120 元不等的帳戶管理費，使得保戶實際投資在基金的金額比想像中低了許多。尤其每個月投入的金額愈低，投資型保險就愈沒有優勢。因為如果以每個月帳戶管理費 100 元計

算，每個月投資 5,000 元，相當於支付 2% 的額外成本。而直接投資股票型基金雖然有 1.5% 的佣金，但是多數基金平台都有折扣。如果以 3 折計算，每個月投資 5,000 元，其手續費僅需要 23 元，成本明顯較低。

看到這裡，可能有讀者會問：「假如我已經買了投資型保險，該怎麼辦呢？」我想，讀者應該先問問自己：「我買它的目的是什麼？是想要保障，還是想要投資基金？」

1. **想要保障**：建議另外單獨購買純保險的定期壽險。特別注意，務必等新保單拿到手，再把原本舊的投資型保險解約，如此一來才能確保「無縫接軌」，保障沒有空窗期。

2. **想要投資基金**：建議將投資型保險解約，把贖回的資金分批買進低成本的指數化投資工具，例如：投資全球股市的「先鋒全球股市 ETF」（VT.US），或投資台股的元大台灣 50（0050），長期效果都會比投資型保險的標的好。

近 2 年很流行的「目標到期債券基金」也是一樣，這類標榜既可以投資、也可以有壽險保障的保單，其實都是「變

額壽險」。依照《保險法》是被歸類在人壽保險，無論連結的投資標的是股票型基金或目標到期債券基金，都不是單純地投資，一定要綁一個壽險。投資人如果真的想投資目標到期債券基金，可以自己透過證券商買進美國的目標到期債券基金，因為費用較便宜。

從 5 大需求評估購買儲蓄險的必要性

當你被儲蓄險、投資型保險的優點吸引時，請先冷靜，在掏錢出來之前，先問自己 3 個問題：值不值得買？不買會不會怎麼樣？有沒有更好的替代方案？而思考方式就是從自身的需求出發：

需求 1》為了儲蓄

銀行有「零存整付」，同樣有固定扣款、強迫儲蓄的功能，而且存款人不用支付佣金。況且銀行定存解約不會賠本。

需求 2》單純想存錢

建議將錢單純放銀行定存或活存就好，隨時解約都能保本，不像儲蓄險在繳費期間內解約會損失本金。

需求 3》為了領生存金

不如「存指數」，總市值與提領金額都會更高，這部分可以複習第 3 課的指數化投資 (相關內容詳見第 122 頁)。

需求 4》為了投資

同樣可以自己投資，「存指數」的費用成本更低，報酬也更好，投資人可以取得整個市場的長期報酬率。

需求 5》為了讓家人得到保障

可以在「存指數」的同時購買定期壽險，保費更低廉，保障也更高。壽險的保障應該是買到足夠額度的定期壽險，例如：有一個 5 歲的未成年子女，就買 1 張 15 年期的定期壽險，保額 300 萬元；此外，如果還有 20 年的房貸共 500 萬元，就再買 1 張 20 年期的定期壽險，保額 500 萬元。不是每個人的一生都一直需要保險，肩膀上有責任時才需要。「想要」不等於「需要」！

永遠要記得，你支付的費用愈少，留在自己口袋的就愈多。「保險歸保險、儲蓄歸儲蓄、投資歸投資」，不僅是本書宗旨，也是所有人理財時務必遵守的核心原則。

釐清保險 5 大疑惑
讓保單規畫更完善

保險可以轉移潛在的家庭財務風險,因此需要謹慎的規畫,最怕就是花了大錢(保費),結果只獲得少許的保障,反而本末倒置。如果投保之後才發現,自己根本買錯了保單,或是錯估了自己的繳費能力,而想要重新規畫保障時應該怎麼做呢?以下整理出買保險常見的 5 大疑惑,以及相應的解決辦法:

疑惑 1》我上週剛買的保險可以退嗎?

可以。只要收到保單的「隔日」起,「10 天內」都可以行使保險的契約撤銷權。要保人(保戶)得以書面或其他約定方式,連同保單,在 10 天內送達保險公司撤銷契約。

曾經有位朋友的先生,接到了陌生行銷電話,就買了年繳 5 萬元、共要繳 20 年的保單;只是一通電話,就簽下需要總繳 100 萬元的契約!收到保單後,朋友才得知這件

事，馬上請先生去辦理撤銷契約，而且成功撤銷。

許多人不太擅長拒絕他人，不管是電話行銷或人情保單，總是在需要繳錢時才開始後悔。要記得，「法律不保障權利的睡眠者」，懂得 10 天的撤銷權，就能保護自己的權益，也可以多向親友分享這個法律常識。

疑惑 2》已經買的終身險不想再繳了怎麼辦？

看了本書前幾課的文章，如果你發現自己有多張終身險，但是又決定不想再繳費，打算改買定期險，應該怎麼解決呢？其實我建議有以下 3 種方法（詳見表 4-16）：

方法 1》解約：不再繳費，保障消失

解約代表從此一刀兩斷，不再繳保費、也不再享有保障。假如保單有解約金，則保戶可以拿到解約金。不過，要注意的是，如果你打算買新的定期險來取代原本的終身險，務必要等新投保的定期險保單全部都收到了，再把原本的舊保單解約，如此一來才能確保「無縫接軌」，讓保障沒有空窗期。

表4-16 用3種方式，處理不想再繳費的終身險

解約、減額繳清、展期定期之比較

	保費	保障期間	保障金額
解約	不用再繳	無	無
減額繳清	不用再繳	不變，跟原保單一樣	減少，用已繳保費計算，依比率減少保額
展期定期	不用再繳	縮短，用已繳保費計算，依比率縮短期間	不變，跟原保單一樣

方法 2》減額繳清：不再繳費，保障降低但期間不變

不用再繳保費，保單繼續有效；保障期間跟原本的保單一樣能維持終身，但是保障金額會用已經繳納的保費計算，同時依照比率減少。例如：原本應該繳 20 年的保額 100 萬元終身壽險，繳了 10 年後辦理減額繳清，那麼這張保單可能會變成 1 張保額 50 萬元的終身壽險。這只是粗略舉例，詳細減少的保額還是要依保單條款而定。

方法 3》展期定期：不再繳費，保障不變但期間縮短

不用再繳保費，保單繼續有效；保障金額不變，但是保障期間會根據已經繳納的保費，依照比率減少。例如：原本應該繳 20 年的保額 100 萬元終身壽險，繳了 10 年後

辦理展期定期，這張保單可能會變成 1 張 60 歲到期的保額 100 萬元定期壽險。展期定期的理賠金額跟原本保單一樣，只是保障期間從終身變成定期。同樣的，這是粗略舉例，詳細縮短的保障期間要依保單條款而定。

翻開你手中的保單，無論是終身壽險、終身傷害險、終身健康險、終身年金險，任何終身型的險種不想再繳保費了，都可以考慮上述的解決辦法。

如果不確定手中的保單是否適用上述的解決方法，你可以這麼做：1.直接問你的保險業務員；2.打保單上的0800 客服電話；3.到各保險公司的行政櫃台（不是業務通訊處）當面詢問，請對方試算以上 3 種情況，你評估後再選擇對自己最有利的方法來處理（如果怕面對業務員會有人情勸阻壓力，可以選擇後面兩種）。

疑惑 3》我的保單變成孤兒保單了，怎麼辦？

很多保戶都有過這種經驗：買了繳費 20 年的保單，經過1 年、2 年後，對保障內容有疑問，但是，你的業務員已

經離職了，總讓人感到求助無門，這樣的保單有人就稱之為「孤兒保單」。面對這樣的情況，保戶應該如何是好呢？其實不必擔心，只要自己先看書、建立正確的保險基本知識，有問題的話可以直接打保單上面的 0800 客服電話，或者到保險公司的行政櫃台去詢問，都能獲得解答。

會導致保險業務員離職，進而造成「孤兒保單」的主因是佣金分配。現行保單佣金雖然已經過調降，但是，保單第 1 年的佣金仍然特別高，第 2 年～第 5 年的佣金降到只有一點點，之後幾年就幾乎都沒有佣金了。

因此，有的保險業務員入行的第 1 年、第 2 年，可以領到高額的佣金，但是，之後由於找不到新業績，因此收入幾乎歸零。當業務員無心繼續耕耘，就會選擇離職，而接手的業務員，因為沒有佣金可以領，所以也懶得服務。

那麼，應該如何減少「孤兒保單」呢？有人提議保單的「成交」佣金與後續的「服務」佣金應該分開給。例如：把繳費期為 20 年的佣金平均到 20 年，保戶每年繳保費時，正在服務的業務員才能領到佣金，有做事才有錢領，這樣

很合理吧？畢竟沒有服務保戶的業務員，不應該在成交時就一次拿走 20 年的佣金吧？

　　此舉勢必影響目前保險業務員的短期收入，只是，從長遠的角度來看，如果打算長久經營，將來 19 年還是領得到佣金，而且也能提升保險業的服務品質、改善保戶對保險的觀感。這是我個人的期待，在此之前，保戶們也只能自求多福，多了解自己的需求與保險知識，才能維護權益。

疑惑 **4**》該跟同一家保險公司買保單？還是分開？

　　當你確定要投保哪種類型的保險後，面對不同家保險公司的商品，當然就得好好地比較。如果能找到某一家保險公司，它所發售的保單，可以滿足低保費、高保障的需求，就在同一家買。尤其定期健康險的保單通常都是附約，如果能只買 1 張壽險主約，就可以額外附加多張定期健康險。

　　不過，如果你認為一家保險公司所提供的某張定期險，保障實在無法滿足你的需求，那也只能再找第二家、第三家；只是要留意有些保險公司只接受「正本」醫療收據理

賠、有些則接受「副本」收據理賠，投保前必須確認清楚，以免被拒絕理賠。

以傷害險為例，有些保險公司有規定投保額度的上限，因此，我一共買了 3 家不同產險公司的傷害險，合計擁有 1,500 萬元的保額。

如果你認為跟多家保險公司打交道很麻煩，也可以找「保險經紀人公司」，它不像傳統保險公司，只能販售自家的保單，「保險經紀人公司」可以銷售多家保險公司的商品，這也是一次買齊眾多保單的選項。

疑惑 5》如何查詢各家保單內容？

已經有跟某家保險公司投保，但是又想要額外加保，該怎麼辦？你可以到該保險公司的官網，尋找你想投保的保險，看看保額上限、費率、投保年齡限制等，是否符合自身的需求。如果符合的話，就可以洽詢原保險公司的服務人員。例如：你的父母在你學生時期就幫你買了終身壽險，現在保費也快繳清了，你就可以附加定期重大傷病險、定

期癌症險等附約。

　保戶實際上網查詢保險公司的商品時,可能會發現官網所提供的商品介紹不夠詳細,或不知道該怎麼查詢保費。其實,你可以直接到「財團法人保險事業發展中心」(簡稱保發中心)的網站,即可搜尋到所有保險公司的保單、保單條款、費率表等資料。

動手查詢》保單細部資料

進入「財團法人保險發展事業中心」首頁（www.tii.org. tw/tii），點選上方❶「保險專區」→❷「保險商品查詢」。

進入下一個頁面後，直接點選❸「開始查詢」。

接續下頁

STEP **2**

分別依照「公司類別」、「公司名稱」、「保險類別」、「銷售日區間」與「關鍵字查詢」等條件，搜尋符合條件的商品。

假設要查詢某某壽險公司有哪些定期壽險商品，❶「公司類別」點選「人身保險」、❷「公司名稱」點選所要查詢的保險公司、❸「保險類別」點選「傳統型壽險」。因為要找的保單是目前仍然在販售的商品，所以要在❹「未停售」打勾，否則會連同已經停售的保單都搜尋出來。

「關鍵字查詢」輸入❺「定期壽險」，最後輸入❻「查詢識別碼」，並且點擊❼「開始查詢」。

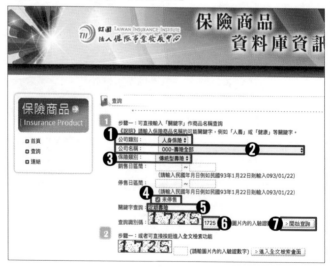

292

STEP 3 此時系統會顯示所有符合條件的定期壽險商品，使用者只要點擊其中任一個保單名稱，就可以查看該保單的詳細內容。如果有任何疑問，都可以再到該保險公司的官網，或者撥打0800客服電話進一步了解。

若想查詢其他險種，例如重大傷病險，可以在「保險類別」中選「健康保險」，而「關鍵字查詢」輸入重大傷病即可。

資料來源：保發中心

余老師的小提醒

滿手保單卻沒有存款、股票等其他可以變現的資產，只是讓自己成為「保險奴」，而不是在理財。保險只是眾多理財工具的一種，不是全部、也不是唯一。家庭理財應該要分析各種工具，包括定存、股票、基金、保險等，綜合比較之後，找出能「解決問題」、最有效率的選項，才是正確的理財之道。

不動產交易》
精算房貸拒當屋奴

同事夫妻每個月薪水50%都拿去繳房貸，被壓得喘不過氣，我們該買房嗎？

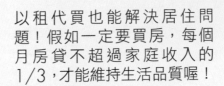

以租代買也能解決居住問題！假如一定要買房，每個月房貸不超過家庭收入的1/3，才能維持生活品質喔！

用「存指數」養大頭期款 減輕房貸負擔

買房的目的通常有兩大類：自住或投資。投資又可以細分為兩種：一種是長期持有收取租金，也就是當個包租公或包租婆；另一種是短期持有轉手賺價差，也就是當個投資客（不過我稱之為投機客，因為他們就像短線散戶一樣，標的一檔換過一檔，房子一間換過一間）。

一般民眾的購屋順序，通常是先有自住房，之後有多餘的資金，再買第二間、第三間房，來當包租公（婆）或投機客。由於本書以基礎理財為目的，因此專注於討論自住房。

富人創造現金流入，中產階級買進負債

假如買房是為了自住，那就是要打算解決居住的問題。當我們好不容易存到 200 萬元、300 萬元的頭期款，是不是就要急著買房？這是一個值得好好思考的問題。如果

你決定買房，就代表你要將這筆錢全數投入，然後每個月負擔房貸，持續 20 年或 30 年，而這筆支出真的是我們需要的嗎？有沒有更好的替代方案呢？

我們先從居住的「需要」去思考。試想，出國旅行時，你都怎麼解決「住」的問題？例如：打算到日本關西來一趟「京阪神奈」（京都、大阪、神戶、奈良）之旅，旅客通常都是找飯店來解決住宿問題，總不可能委託當地的房仲業者，幫你在 4 個城市各買一間房子吧？同理可證，如果我們想要解決居住問題，並非只有買房，租房也可以是個解決方案。

暢銷理財書《富爸爸，窮爸爸》中有提到，富人、窮人與中產階級的差別：

「富人」：買進並且持有資產，創造現金流入。例如：持有定存就有利息收入、持有股票就有現金股利收入、買房出租就有租金收入。

「窮人」：只會花費，造成現金流出。

「中產階級」：買進並且持有「自以為資產」的負債。例如：拿大部分的積蓄去繳頭期款，沒有資產可以創造現金流入，然後跟銀行貸款買房。事實上，那是買進「讓現金流出」（每個月繳房貸）的負債！

此處點出了一個極為重要，不過，多數人都會忽略的觀念──貸款買房除了要支付利息之外，也同時放棄了用數百萬元的頭期款，去創造增值的機會。

先「存指數」再買房，資金運用更有效率

基於上述理由，假如我們優先買進資產、延後買進負債，就可以讓資金的運用更有效率。例如：將 300 萬元的頭期款，布局指數化投資（存指數），靠著每年的股息，再滾入買零股，以 6% 年化報酬率計算，10 年後會成長到 540 萬元、20 年後變成 960 萬元、30 年後更高達 1,710 萬元，等於分別增值 80%、220%、470%（詳見圖 5-1）。

晚幾年買房，同時讓資金有效率的成長，屆時將可以拿出更多的頭期款、減少跟銀行貸款的金額。每個月付出去

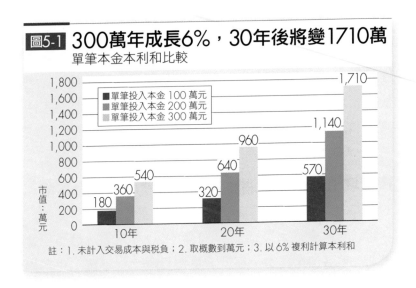

圖5-1 300萬年成長6%，30年後將變1710萬

單筆本金本利和比較

圖例：
- 單筆投入本金 100 萬元
- 單筆投入本金 200 萬元
- 單筆投入本金 300 萬元

市值：萬元

10年：180、360、540
20年：320、640、960
30年：570、1,140、1,710

註：1. 未計入交易成本與稅負；2. 取概數到萬元；3. 以 6% 複利計算本利和

的房貸變少，等於是減少現金的流出，也就是往《富爸爸，窮爸爸》所說的「有錢人」更接近一步。

《二十一世紀資本論》一書中提到，歐洲、美國前 1% 的有錢人，也就是淨資產超過 2,000 萬歐元（約合新台幣 7 億元）的頂級富豪，他們的房地產占總資產的比重大約是多少呢？平均是 10% 左右。

其餘 90% 的財產呢？多數是股票和公司持分。例如：微

軟創辦人比爾・蓋茲（Bill Gates）、股神巴菲特（Warren Buffett）、亞馬遜創辦人貝佐斯（Jeff Bezos），都是靠著經營事業、公司創造盈餘，所持有的股票市值隨著時間增加，才累積出龐大的財富。反觀多數的中產階級呢？恐怕是 90% 的財產都集中在一間房子上。

資產增值超過房價漲幅，就不用擔心購買力下降

或許有人會提出質疑：「10 年、20 年之後，房子也會增值，晚 10 年買房，不就愈買愈貴嗎？」沒錯，先不論薪水是否有可能增長，如果你只是把頭期款放在抽屜裡，或是存進銀行，不管晚幾年買房，對你的購買力都不會有幫助。

不過，把錢拿去「存指數」就不一樣了。房價跟指數都有可能會愈墊愈高，但是，如果 10 年後房價增值 50%，你投資於指數的資產卻增值 80% 呢？當你的資產增加的速度超過房價上漲的速度，對你的購買力而言，房價根本不算上漲，還算是相對跌價呢！只要錢夠多，沒有買不到的房子。

　　當然，很多人選擇咬著牙買房的理由，常常是迫於現實，例如：屋子漏水可是房東不願處理；屋主收回房子，因此被迫搬家；甚至是為了結婚，而被長輩要求買房等。然而，只要你還有選擇的自由，請別忘了，買房不是解決居住問題的唯一方法，請務必把「暫時租房，把頭期款養得更大再買房」，列入考慮的選項之一。

買房不用一次到位
依人生階段由小換大

　　根據統計，台灣人一生平均會換屋 1～2 次，也就是說，你跟家人共同居住的房子，通常不會只有 1 間，一生可能有 2 間或 3 間。

　　假設以一對新婚夫妻（或許就是正在看文章的你）為例，我們來看看在人生各個階段，分別「需要」怎樣的房子（為了簡化狀況，假設未與長輩同住）？

階段 1》新婚夫妻，只需要 2 房的小公寓

　　剛結婚的年輕夫妻，在最大的小孩滿 10 歲（約國小 5 年級）前，只「需要」2 房的小公寓即夠用：1 間夫妻房、1 間小孩房。現代人大多生得少，只生 1 個或 2 個的居多，在子女數 1～3 個的狀況下，小孩滿 10 歲前都不需要分房睡。如果生 4 個以上，而且都未滿 10 歲，可能要視情況再增加 1 間小孩房。

房間數過多其實是種浪費，因為總坪數增加，支付的房屋總價也大幅增加。你的人生不是只有買房子，還要旅遊、看電影、吃大餐、買 3C 產品、買衣服等。某一項支出過多，就會擠壓到其他項目。因此，房間數夠用即可。

階段 2》小孩滿 10 歲，換成 3 房或 4 房大公寓

小孩進入青春期需要隱私空間，2 個以上孩子的家庭，當最大的孩子滿 10 歲之後，需要進行第一次的換屋。父母可以視小孩的人數決定所需要的物件，原則是一人一間。有 2 個孩子，就需要 3 房大公寓（1 間夫妻房、2 間小孩房）；有 3 個孩子，就需要 4 房大公寓（1 間夫妻房、3 間小孩房），依此類推。

一對夫妻結婚超過 10 年後，隨著在職場的經驗與年資的增加，薪水通常會比剛結婚時來得高。所得提高，代表每個月還款的能力增加，也就可以跟銀行借到更多的錢，負擔得起多一點的房貸。

此時就可以把原本的小公寓賣掉，換成房間數足夠的大

公寓；小公寓賣掉的價金，就當成新房的頭期款。如果還不足，這 10 幾年來依照前面所介紹的「333 理財法」，分配每個月薪水到儲蓄與指數化投資，應該會累積更多的資產。與賣出小公寓的價金合計，理當可以拿出更多的頭期款，每個月的房貸負擔不見得會增加太多。

階段 3》孩子完成學業，可以獨立謀生

由於我們所舉例的主角，是對新婚夫妻，當孩子完成學業，進入職場工作，他們也大約準備邁入 50 歲的壯年期（假如 25 歲結婚、生子）；如果年長一點，可能也是 60 歲的準退休期（假如 35 歲結婚、生子），甚至都已經退休了。這個階段可以依照是否與小孩同住，決定第二次換屋的規模與大小，分為以下兩種情況：

情況 1》小孩成家離巢後，換回小公寓

孩子已經在外地工作、定居，5 年～ 10 年內不會回家跟父母同住，對於夫妻而言，可以稱之為「離巢期」。就好比鳥爸爸鳥媽媽把小鳥養大，小鳥已經學會飛行，可以離開巢穴獨立謀生了。

　　這個時候，這對夫妻也屆齡退休，便可以把原本高總價的大公寓賣掉，換成一間符合兩人需求的、低總價的 2 房小公寓，把資金從自住房中釋放出來，手中就會多出數百萬元的龐大資金。

　　50 歲、60 歲的夫妻倆，就可以拿這筆資金來養老。例如：保留應備存款之後，分批投入指數化投資工具。想出國旅遊時，就賣個幾萬元的股票或基金當作旅費，享受退休後的新生活。

情況 2》三代同堂可換間郊區透天厝

　　如果你的小孩已經成家、生子，並且仍然住在家裡，也可以把原本的大公寓賣掉，作為買新房的頭期款。這個時候可以買一間郊區的透天厝，或同一棟大樓裡兩個鄰近的住家，以方便互相照顧。

　　如果是透天厝，建議第一代的老夫妻住 1 樓，以免爬階梯太吃力，身強體壯的第二代與第三代就住在樓上。

　　由於此一階段比前一階段又多了 10 幾年的工作經驗，

Lesson 5 不動產交易》精算房貸拒當屋奴

或許會有更高的職位與收入；即使收入持平，經過之前持續的指數化投資，想必也累積了一筆資產，因此，此時即可以拿一部分出來補足新房子的頭期款，就不用擔心賣掉舊公寓的價金，不足以支付新房子的頭期款。

　　至於每個月的房貸，就交給跟你同住的孩子們去負擔吧！因為老夫妻接近（或已經）退休，不可能再有可預期的勞動收入，也不應該負擔繳貸款的責任。而且「使用者付費」，身為父母的你們，已經支付了一大筆透天厝的頭期款，房貸交給同住的孩子去支付，也很合理。當然，前提是全家人都要有充分的溝通與共識才行。

　　綜上所述，如果正在閱讀本書的你，是還沒有買屋的年輕人，請千萬記得，別一開始就想「一次到位」買大房子！用 30 歲的薪水，去養 45 歲或 60 歲才需要的房子。這就像打電動的「越級打怪」，戰鬥力不高的新手，去挑戰等級很高的怪獸。當你拿出每個月薪資的一半以上去繳房貸，還能夠有什麼生活品質呢？

參考「33原則」 合理評估房貸還款能力

一般上班族要買房子，很少有人能夠 100% 以現金支付，通常都是自己準備一小部分的資金，也就是自備款或頭期款，其餘的部分就跟銀行申請房屋抵押貸款。

例如你買了一間總價 600 萬元的房子，自己支付 200 萬元頭期款，不足的 400 萬元跟銀行借貸。房子要設定抵押權給銀行，銀行才會先幫你代償 400 萬元給賣方（通常會透過履約保證專戶撥款），然後你要按月攤還本金與利息。等到房貸還清，銀行才會解除這間房子的抵押權。

常見的房貸通常是 20 年期，也就是在 20 年內分期攤還，也有購屋族會約定 15 年或 30 年，完全看銀行與貸款人怎麼約定。

假如還不出錢，銀行依法可以擁有抵押品的所有權，也就是把房子拿去拍賣，以償還購屋族所積欠的本金、利息、

違約金,以及後續所衍生的訴訟費、律師費等,這就是「法拍屋」的由來。

在辦理房貸時,一定要評估自己的還款能力。那麼,房貸應該占收入多少才合適呢?可以參考購屋的「33原則」:頭期款至少 30%、每月房貸不超過家庭收入的 1/3。

原則 1》頭期款至少 30%

頭期款愈多,代表將來每個月要繳的房貸愈少。例如:總價 1,000 萬元的房子,如果準備 20% 的自備款,也就是 200 萬元,就要貸款 80%,也就是 800 萬元。800 萬元的本金,假設房貸利率 2%,貸款 20 年,以本息平均攤還方式計算,每個月大約要繳 4 萬元。如果準備 40% 頭期款,只貸款 600 萬元,每個月大約要繳 3 萬元。

月繳 4 萬元跟 3 萬元,雖然只差 1 萬元,聽起來差距不大,但是,對一般雙薪家庭來說,每個月多支出 1 萬元,可能是很沉重的負擔。要知道,這不是只繳 1 年、繳 5 年,是要持續繳 20 年喔!如果這 20 年間,夫妻中的某一人突

然失業，少了一份薪水的家庭，房貸要不要每個月按時繳納？三餐要不要照常吃？水電費、瓦斯費、電信費等，要不要持續支出？

「開銷」是每個月都要持續支付，但是你的「收入」卻不見得永遠都那麼穩定。繳不出房貸的下場，可能是房子被銀行收回成為「法拍屋」！每個淪為法拍屋的房貸戶，一開始想必都覺得「我一定可以還清 20 年的房貸」，計畫有時趕不上變化，千萬不要高估自己收入的穩定度。面對長達 20 年、30 年的長期支出，謹慎看待自己的還款能力是比較好的。

以總價 1,000 萬元為例，建議至少自備 300 萬元，將來的房貸負擔會比較輕。部分銀行針對特定對象（例如：高所得的醫師、律師、會計師；收入相對穩定的軍公教等），有時會提供高成數的房貸，能夠申貸到房屋總價的 8 成，甚至 9 成。

即使你符合銀行的條件，我還是建議不要貸到那麼高的成數，因為頭期款付得愈少，將來每個月要繳的房貸就愈

多。你打算要先樂後苦，還是先苦後樂呢？如果是我，會選擇後者。

原則 2》每月房貸不超過家庭月收入的 1/3

例如夫妻倆月薪共 8 萬元，每個月要支付的房貸金額，不應該超過 2 萬 4,000 元。理由是，確保夫妻倆還有 70% 的月收入，也就是 5 萬 6,000 元能夠自由運用。這筆能夠自由運用的資金，可以分配到：儲蓄（3 桶預備金）、指數化投資、生活必要花費，也可以分配適度金額到想要的（奢侈）花費，例如：出國旅遊、看電影、吃大餐、買新衣服等。

如果情況反過來，夫妻倆月薪共 8 萬元，但是每個月要繳的房貸高達 5 萬 6,000 元，等於兩人每個月只剩 2 萬 4,000 元可以運用，這樣還有什麼生活品質呢？每天辛苦賺錢，就為了變成被 20 年高額房貸壓得喘不過氣的「屋奴」嗎？多想兩分鐘，你就可以避免淪為「屋奴」。

要注意的是，這裡所說的每月繳款金額不宜超過月薪的

1/3，是用「本金加利息」合計，不是「寬限期」只還利息的金額喔！所謂的房貸「寬限期」，指的是這段期間內只償還利息，暫時不必償還本金。注意，那只是「暫時」不還而已，可是將來還是要還的。

不可用「寬限期」要繳的錢，評估 20 年繳費能力

例如一般的 20 年房貸，總價 1,000 萬元的房子、貸款 700 萬元，以房貸利率 2% 計算，20 年的房貸（本金＋利息），每個月大約要還 3 萬 5,000 元。寬限期通常是 2 年或 3 年。如果以 3 年為例，就是第 1 年到第 3 年，每個月只要繳 1 萬 1,667 元。

事實上，寬限期結束後（從第 4 年開始），不是每個月還 3 萬 5,000 元，而是要還 4 萬 505 元！比不使用寬限期所攤還的金額還要多，這是因為後續的 17 年要償還「全部 20 年」的本金，外加利息，因此，使用寬限期可以說是徹底的先樂後苦，不可不慎。

知識補給站

試算範例》房貸還款金額

網路上有許多試算房貸還款金額的免費網站，所算出來的金額都是相同的。以下以「計算Pro」網站為例，讀者可以自行試算看看，在不同的貸款條件下所需要的還款金額：

 STEP 1

首先，進入「計算Pro」首頁（calculator.0123456789.tw），點選❶「寬限期償還試算」。

進入下一個頁面後，輸入相關數據（此處以❶「貸款金額」800萬元、❷「年利率」2%、❸「總貸款年限（年）」20年計算），並且按下❹「計算」，就可以算出❺「寬限期後月繳本金利息（元）」為40,471元。

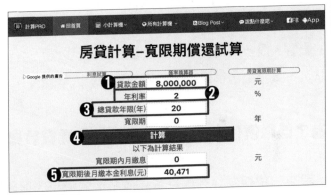

資料來源：計算 Pro

當個聰明購屋族 不再陷入「低單價」迷思

　　對市井小民而言，房子大概是人生中花費最多的項目，一旦不小心做錯決定，很可能會對整體家庭財務造成重大的影響。很多人在買房時，會面對兩種誤以為「買到賺到」狀況，實際上，卻讓自己能用的現金流大幅減少。

為了低單價付出高總價，只是增加房貸負擔

　　我有一位朋友住在「沒有高鐵站」的縣市（很明顯不是在六大直轄市），他跟太太、孩子組成 3 個人的小家庭，夫妻倆也只打算生一個孩子。在看了工作地點附近的許多房子之後，他們看上一間權狀 28 坪的公寓，剛好符合他們一家 3 口的居住需求，每坪單價約 14 萬元。

　　本來已經決定要買了，但是，房仲又幫他找到一個「機會難得，買到賺到」的透天厝，9 成新、80 坪，每坪單價只要 10 萬 6,000 元。如果只看單價，透天厝比公寓還要

便宜，而且兩間房子距離上班地點的車程都差不多，應該怎麼選擇才好呢？

方式 1》用「每坪單價」比較

透天厝的每坪單價只要公寓的 76 折左右，單價明顯比較低。

方式 2》用「總價」比較

房屋總價的計算方式為「每坪單價 × 權狀坪數」。公寓總價 392 萬元（14 萬元 ×28 坪）、透天厝總價 848 萬元（10 萬 6,000 元 ×80 坪）。如果以總價來看，公寓價格明顯更低。

該買每坪單價便宜的透天厝，還是總價便宜的公寓？跳出「每坪單價」的框架，問問自己：你買房子是支付每坪單價，還是支付總價？如果只要花 392 萬元就能滿足全家人的生活需求，根本就不需要花 848 萬元。把省下來的錢拿去投資，或是花在其他開銷，都會是更好的選擇。

其實不只是買房子，任何需要花錢的狀況，都別掉入「單

價」的陷阱。例如：1 件衣服 2,000 元，你原本只準備買 1 件，但是看到服飾店在促銷「買 3 件送 1 件」，結果最後花了 6,000 元，買了 4 件衣服回家，這樣真的有省到嗎？

從單價來看，買 3 送 1 的平均單價是 1,500 元，確實比單買 1 件還要便宜。不過，從總價來看，買 3 送 1 共花了 6,000 元，自認為 1 件可以省 500 元「單價」的行為，其實是多花了 4,000 元的「總價」。

無論買衣服、買鮮奶，還是買房子，都要記得：從「實際需求」出發，用總價思考，別只用單價思考。否則你只是隻落入「單價促銷」陷阱的肥羊，多支付幾百元、幾千元，甚至數百萬元，買了「超過需求」的商品卻還沾沾自喜。自以為占了廠商的便宜，實際上卻成為過度花費的冤大頭。

買房自住，即使房價上漲也不算賺到錢

人們會急著買房的原因之一，很可能是聽到親朋好友說：「我當時每坪買 30 萬元，現在每坪漲到 35 萬元，每坪賺 5 萬元，這樣我家 40 坪就賺了 200 萬元！」

投入金錢所買的資產，假如市值有增加，會感到高興是人之常情。不過，如果不打算賣掉房子，那麼增值的價差，還是無法拿到手。

換作是持有股票或基金，就可以把增值的「一小部分賣出」以換取現金。例如用 800 萬元買的指數型基金，現在增值到 1,000 萬元了，可以賣掉市值 200 萬元的部位，剩餘的 800 萬元維持不動。

但是，房地產無法這麼做，因為房子沒辦法「部分賣出」，你不能只賣掉廁所或廚房，然後繼續擁有其他的空間。誰會跟你買一間位於你家客廳旁的廚房，或者位於你家臥房中的廁所呢？一間公寓無法單獨賣出其中的一小塊，只能整間一起賣。

因此，如果你買房是為了自住，就別去想增值的事。因為買進之後，即使房地產漲價，你也只能「高興在心裡，但是拿不到現金」（此處不討論「拿房子去銀行增貸」這個選項，因為那要負擔利息，而且將來還是要償還本金，與我們所討論的「把賺的錢無償放進口袋」不同）。

　　假如把正在住的房子「整間」賣掉，確實可以把增值的價差放進口袋，但是，這會產生另外一個問題：「賣掉之後，你和家人要住哪呢？」你勢必要再去買一間房子呀。

　　重點來了，這個城市難道只有你的房子漲價，其他的都不漲嗎？你不會幸運到擁有全城唯一上漲的房子。如果你的房子漲價，很可能整個城市的許多地段也都上漲，甚至其他區域的房子漲得比你家還要多。

　　賣掉自住房之後，要在同一個城市去買其他也漲價的房子嗎？賣掉每坪 35 萬元的房子，去買另一間每坪 35 萬元的房子？聽起來好像沒什麼差別。除此之外，賣房子還要面臨一些費時、傷神的事情，例如搬家、到所有往來銀行去變更通訊地址等瑣事。

　　擁有一間自住房確實是許多人一生的夢想，所擁有的歸屬感也絕非租屋可以比擬。然而，一般人的每月收入就是那麼多，如果想要有效率的分配收入，購屋這件事，一定要深思熟慮才行。

余老師的小提醒

中產階級買進「自以為是資產」的負債，往往犧牲了頭期款的運用機會，實在是得不償失。如果沒有迫切的需求，不妨暫時用租屋解決居住問題，把主要資產放在「存指數」，讓資產慢慢「長大」，等它長得又高又壯之後再拿來買房，或許是更明智的選擇。假如讀者依照買房的「33原則」，在滿足「擁有自己的家」這樣成就感的同時，也能維持一定的生活品質，而不會「窮得只剩下房子」。

合法節稅》
無痛完成財產轉移

辛苦攢的財產準備留給兒女，又好擔心他們要繳很多遺產稅。

遺產稅有免稅額和其他扣除額，不見得要繳。生前可以每年免稅贈與 220萬元，10 年就能合法移轉 2,200 萬元囉！

贈與免稅額每年 220 萬 可合法移轉財產給子女

假如讀者依照前面第 1 課到第 5 課的方式進行理財，若干年後（例如 70 歲時），身價有機會高達好幾千萬元，此時可能需要考慮如何把財產移轉給下一代。

活著的時候把財產移轉給子女，是一種贈與行為，可能會有贈與稅的問題。過世之後，財產就變成遺產，可能會有遺產稅的問題。

跟贈與稅和遺產稅相關的法條有《民法》、《遺產及贈與稅法》，本書針對上班族與一般大眾比較容易遇到的狀況，選擇重點介紹（如果讀者有興趣了解遺產稅與贈與稅的細節，可以參考《民法》第五編的繼承，第 1,138 條至 1,225 條，共計 88 條；《遺產及贈與稅法》全文共 59 條）。

我要強調的是，法條隨時都有可能修正，例如：遺產稅率曾經有不同的級距，最高稅率為 50%，後來修法為一律

表6-1 贈與淨額2500萬以下，課徵10%稅率

贈與稅稅率表

課稅贈與淨額	稅率
2,500萬元以下	10%
超過2,500萬元～5,000萬元	15%
超過5,000萬元	20%

資料來源：《遺產及贈與稅法》

10%，目前又改成 10%、15%、20% 等 3 種級距（詳見
表 6-1）。《遺產及贈與稅法》最近一次修法是 2017 年
6 月，將來讀者真正需要用到時，可以到「財政部稅務入
口網」查看最新的規定，以免誤用舊法條損及權益。有句
話說：「法律不保障權利睡眠者。」因此，具備基本的法
律常識，是國民的責任。

贈與稅納稅義務人為「贈與人」，非「受贈人」

　　贈與稅的納稅義務人是「贈與人」，不是「受贈人」（接
受贈與的人）。每位贈與人每年有 220 萬元的免稅額。例
如：老甲贈與 200 萬元的現金給孩子小甲，老甲是贈與人，

接受贈與的小甲是受贈人。因為贈與的金額沒超過 220 萬元的免稅額，所以不必繳納贈與稅。

　但是，如果老甲同一年度分別贈與兩個孩子小甲和小乙各 200 萬元呢？因為兩者合計達 400 萬元，超過 220 萬元（免稅額）的部分是 180 萬元，那麼老甲就必須繳納 18 萬元（180 萬元 × 稅率 10%）的贈與稅。

　高資產族肯定認為，免稅額才 220 萬元怎麼夠用呢？存款有好幾千萬元，甚至上億元，超過的部分不就都要繳稅？別忘了，贈與稅是「每年」都有 220 萬元的免稅額，今年的免稅額 220 萬元用完了，明年還可以再免稅贈與 220 萬元！因此，10 年就可以贈與 2,200 萬元、20 年就可以贈與 4,400 萬元。

　如果是高階又高薪的上班族，一輩子可以存個 3,000 萬元、5,000 萬元，就已經很了不起了。因此，透過及早規畫、分年贈與給下一代，便不必繳納贈與稅，這都是合法節稅喔！如果只是一般的上班族，沒有千萬元的積蓄，就更不必擔心財產免稅移轉的問題了。

　　除了每人每年 220 萬元的免稅額之外，《遺產及贈與稅法》還規定了若干不計入贈與總額的項目，高資產族可以多加利用：

項目 1》配偶相互贈與，免課贈與稅

　　無論是先生贈與給太太或太太贈與給先生，不管金額多少都免課贈與稅。有的家庭是男主外、女主內，先生負責出外打拼，太太是家管，負責接送孩子、煮三餐、打理家務，自己沒有收入，建議妳可以善用這項法條喔！

　　例如：先生擁有 5,000 萬元，可以一次性的免稅贈與 2,500 萬元給太太。更進一步來看，這 2,500 萬元從此就屬於太太的財產，她接下來也能夠每年贈與 220 萬元給孩子，而先生自己也可以每年贈與 220 萬元給孩子，等於夫妻倆合計每年可以免稅贈與 440 萬元。如此一來，只要 12 年就可以合法地把 5,000 萬元免稅贈與給孩子。

項目 2》子女婚嫁當年度增加免稅額 100 萬元

　　依據華人的習俗，子女婚嫁時，父母在能力許可範圍內，通常會幫忙添購家具、電器等嫁妝，或者贈送紅包給予祝

福,因此,法律也有把這個因素考慮進去。子女結婚當年,除了本來的 220 萬元免稅額之外,父母可以各自再額外贈與 100 萬元,等於當年雙親合計就有 640 萬元的免稅額。

項目 3》扶養支付的生活費、教育費與醫藥費

父母親支付子女的學費、房租、生活費等,都不必計入贈與稅總額。

項目 4》公益捐贈

捐款做善事,只要是捐給以下兩個機構:1. 各級政府與公立機關、2. 符合行政院規定且合法登記之財團法人,都不必課徵贈與稅。

以上只是列舉幾個比較常用的項目,其他免稅項目還得請讀者自行參閱相關法條。

扣掉免稅額與扣除額,剩餘部分才是納稅基礎

贈與稅的課徵方式為贈與人當年度的贈與總額,減掉免稅額與扣除額後,稱為「課稅贈與淨額」,再依據適用的

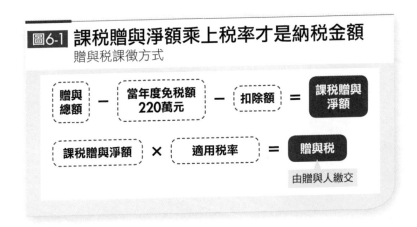

圖6-1 課稅贈與淨額乘上稅率才是納稅金額

贈與稅課徵方式

税率課徵贈與稅（詳見圖6-1），以下我們就舉幾個簡單的例子進行說明：

案例 1》課稅贈與淨額是 1000 萬元

課徵 10% 贈與稅率，贈與稅為 100 萬元。

案例 2》課稅贈與淨額是 3000 萬元

2,500 萬元以下的部分課徵 10%，稅額為 250 萬元；超過 2,500 萬元～ 5,000 萬元的部分課徵 15%，稅額為 75 萬元。因此，總共要課徵贈與稅 325 萬元（250 萬元＋ 75 萬元）。

案例 3》課稅贈與淨額是 6000 萬元

2,500 萬元以下的部分課徵 10%，稅額為 250 萬元；超過 2,500 萬元到 5,000 萬元的部分課徵 15%，稅額為 375 萬元；超過 5,000 萬元的部分是 1,000 萬元，課徵 20%，稅額為 200 萬元。因此，總共要課徵贈與稅 825 萬元（250 萬元＋ 375 萬元＋ 200 萬元）。

知識補給站 贈與稅常見 5 大問題

Q1：不動產的贈與，有辦法節稅嗎？

A：有的。贈與稅的房地產計算標準是，建物依據「房屋評定現值」、土地依據「公告土地現值」，通常計算下來會低於實際成交的市值（多數情況是不到市值的一半），然而，還是很容易超過 220 萬元的免稅額。

如果民眾想要節稅，可以將不動產「分割持分」。例如：「房屋評定現值」與「公告土地現值」合計是 2,200 萬元，就將不動產分割成 10 等分，等於每 1 等分（持分）的價值是 220 萬元，然後每年贈與 1/10 的持分，便可以達成合法節省贈與稅的目的（不動產贈與還會有其他稅目，例如：土地增值稅等，細節請參考財政部稅務入口網）。

Q2：儲蓄險或投資型保險，價值準備金要移轉給孩子，算是贈與嗎？

A：是的。父母以自己為要保人（支付保費者）、孩子為被保險人，所購買的長年期保險，例如：儲蓄險（還本型終身壽險）、投資型保險（變額壽險、變額萬能壽險）等，都會有保單價值準備金，這筆錢是屬於要保人的。

以投資型保險為例，假如父母想把這筆錢的權益移轉給孩子，但是不打算解約或贖回（賣出）保單持有的基金部位，該怎麼做呢？只要孩子年滿 20 歲（滿足《民法》成年條件），就可以向保險公司申請「變更要保人」；變更之後，這筆錢就能合法移轉到孩子的名下。只要是變更「要保人」，就涉及到動產的贈與，必須納入年度贈與總額內計算。

Q3：祖父母也可以免稅贈與給孫子嗎？

A：可以。贈與稅是以「贈與人」為課稅對象，任何人都享有每年贈與他人 220 萬元的免稅額。如果是集長輩寵愛於一身的孩子，父母、祖父母、外祖父母都可以各自贈與 220 萬元，孩子 1 年就可以得到 1,320 萬元，而且都在免稅範圍內。

Q4：何時需要申報？可以分期繳款嗎？

A：贈與人必須在超過免稅額之贈與行為發生後 30 日內，向國稅局申報。假如應納稅額在 30 萬元以上，無法一次繳納現金，可以在納稅期限內向國稅局申請分期繳納。

接續下頁

分期期數最多為 18 期，每期間隔不超過 2 個月，等於最多能分期到 36 個月，也就是 3 年。但是要注意，申請分期繳納的話，要依郵政儲金 1 年期定期儲金的固定利率加計利息。

Q5：如果沒有按規定申報，要罰多少錢？

A：贈與稅與遺產稅的罰則相同，又可分為 3 種狀況：1. 未在規定期限內申報：按「應納稅額」加處 2 倍以下之罰鍰；2. 已申報但漏報或短報：按「所漏稅額」加處 2 倍以下之罰鍰；3. 故意以詐欺或其他不正當方法，逃漏稅者：除了重新進行核計補徵之外，還應處以所漏稅額 1 倍至 3 倍之罰鍰。上述 3 種狀況之罰鍰，連同應徵之稅款，最多不得超過遺產總額或贈與總額。

遺產不到 1323 萬元 繼承者不須繳稅

如果生前來不及以分年贈與的方式移轉財產,過世後遺留下來的財產就稱為遺產。一般人想到遺產就開始擔心,到底要繳納多少遺產稅?

其實民眾不用過度擔心,因為遺產總額並不完全等於課稅財產,跟贈與稅一樣,遺產也有免稅額與多種扣除額項目,剩餘的部分才需要繳稅。普通的家庭很可能都不必繳遺產稅!

過世前 2 年之贈與被視為遺產,須依法報稅

雖然生前的年度贈與,都是合法行為,但是,法律規定,過世前 2 年的贈與得視為遺產。有人可能是生病或健康狀況不好時,才急忙想到財產贈與,並且在贈與後不到 2 年就過世;也有人是意外身故,而身故前 2 年的贈與行為,即使是在免稅範圍,也都必須申報為遺產。

　　那麼，誰是遺產稅的納稅義務人呢？如果被繼承人有留下遺囑，而且有指定遺囑執行人，那麼遺囑執行人即為納稅義務人；如果沒有指定遺囑執行人，則以繼承人與受遺贈人為納稅義務人；如果沒有遺囑執行人與繼承人，則會依法選定遺產管理人。

　　這裡需要補充說明一下，所謂「繼承人」是依照《民法》規定，具有繼承權的人。「受遺贈人」是身故者（被繼承人）生前在遺囑中指定遺產贈與的對象，受遺贈人可以是繼承人，也可以是繼承人之外的任何自然人（例如：朋友、遠房親戚等）或機構法人（例如：政府單位或公益基金會）。

　　遺產稅是怎麼計算呢？先要算出「遺產總額」，也就是被繼承人死亡時，全部遺產加上死亡前 2 年內贈與配偶與繼承人（指《民法》第 1,138 條與第 1,140 條規定的各順序繼承人，以及各順序繼承人之配偶）的財產。

　　算出遺產總額後再扣掉「免稅額」與「扣除額」，剩餘的部分為「課稅遺產淨額」，再以適用稅率計算應該繳納多少遺產稅（詳見圖 6-2）。

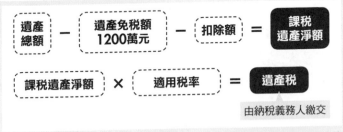

圖6-2 遺產免稅額高達1200萬，可事先扣除

遺產稅課徵方式

遺產總額 － 遺產免稅額 1200萬元 － 扣除額 ＝ 課稅遺產淨額

課稅遺產淨額 × 適用稅率 ＝ 遺產稅

由納稅義務人繳交

註：納稅義務人認定順序為遺囑執行人→繼承人，如果兩者皆無，則為依法選定之遺產管理人

遺產稅的「免稅額」一律為 1,200 萬元，因此，只要遺產總額不到這個金額，即使繼承人必須申報，結果也是不需要繳稅的。「扣除額」有最基本的喪葬費扣除額，如果繼承人為配偶、直系血親或受扶養的親屬等，也各有不同額度的扣除額（詳見表 6-2），常用到的扣除額有以下幾項（以 2017 年 5 月 12 日之後身故為例）：

項目 1》喪葬費扣除額

喪葬費扣除額有 123 萬元，不必檢附收據，可以直接列入扣除。換言之，每個人所遺留的財產，至少有 1,323 萬

元不用繳納遺產稅（免稅額 1,200 萬元＋喪葬費扣除額 123 萬元）。

項目 2》配偶與親屬扣除額

被繼承人的配偶如果還在世，即有 493 萬元的配偶扣除額。被繼承人的父母還在世，每人則有 123 萬元的扣除額；受扶養的祖父母還在世，則為每人有 50 萬元的扣除額。

如果遺有直系血親卑親屬，或受扶養的兄弟姊妹還在世，也可以再扣除每人 50 萬元的額度；其中，未滿 20 歲者，按其年齡距離 20 歲的年數，每年再加扣 50 萬元。例如：年滿 19 歲可多扣 50 萬元、年滿 18 歲就可多扣 100 萬元，依此類推。

項目 3》死亡前未償債務

被繼承人死亡前沒清償的債務，有確實的債務證明文件者，可以從遺產總額中扣除，例如：銀行房貸、私人借貸（有借據者）等。

項目 4》配偶剩餘財產差額分配請求權

表6-2 若配偶還在世，遺產總額得扣除493萬

常見遺產扣除額項目

扣除額項目	扣除額
1.喪葬費	123萬元
2.配偶	493萬元
3.直系血親卑親屬（每人）	50萬元
4.父母（每人）	123萬元
5.受被繼承人扶養之兄弟姊妹及祖父母（每人）	50萬元
6.債務	有證明者
7.管理執行之必要費用	依實際金額扣除
8.配偶剩餘財產差額分配請求權	依實際金額扣除

資料來源：財政部稅務入口網、國稅節稅手冊

　　如果夫妻是採取法定財產制，當其中一方過世，依據「剩餘財產請求權」（《民法》規定，夫妻婚後財產，扣除婚姻關係存續所負債務後，如果有剩餘，其雙方剩餘財產之差額，應該平均分配。然而，因繼承或其他無償取得之財產、慰撫金，則不列入計算），存活的一方可以取得雙方財產差額的一半，這筆錢也不必列入遺產總額。

　　例如：先生在婚後取得的財產為 3,000 萬元，太太在婚後取得的財產為 200 萬元，雙方都沒有負債。一旦先生過

世，太太可以取得 1,400 萬元（（3,000 萬元－ 200 萬元）／ 2）的「剩餘財產請求權」，這筆錢即能列為遺產之扣除額。

另外，像是被繼承人死亡前應納未納的稅捐或罰鍰／罰金、死亡前 6 年～ 9 年內繼承已納遺產稅的財產、日常生活必需品總價值在 72 萬元以下的部分、職業上的工具總價值在 40 萬元以下的部分、符合規定的公益捐贈、管理遺產及執行遺囑的必要費用（例如律師費或代書費）等，也都可以從遺產總額當中扣除（其他詳細的扣除額項目請參閱《遺產及贈與稅法》）。

遺產淨額按累進稅率課徵，共分成 3 級距

在算出「課稅遺產淨額」之後，即可以對照適用稅率（詳見表 6-3），計算出該繳多少遺產稅，以下舉幾個簡單的例子：

案例 1》課稅遺產淨額是 3000 萬元

課徵 10% 遺產稅率，遺產稅為 300 萬元。

表6-3 遺產淨額逾1億，課徵稅率高達20%

遺產稅稅率表

課稅遺產淨額	稅率
5,000萬元以下	10%
超過5,000萬元～1億元	15%
超過1億元	20%

資料來源：《遺產及贈與稅法》

案例 2》課稅遺產淨額是 7000 萬元

5,000 萬元以下的部分課徵 10%，稅額為 500 萬元；超過 5,000 萬元至 1 億元的部分為 2,000 萬元，課徵 15%，稅額為 300 萬元。因此，總共要課徵遺產稅 800 萬元（500 萬元＋300 萬元）。

案例 3》課稅遺產淨額是 1 億 5000 萬元

5,000 萬元以下的部分課徵 10%，稅額為 500 萬元；超過 5,000 萬元至 1 億元的部分課徵 15%，稅額為 750 萬元；超過 1 億元的部分為 5,000 萬元，課徵 20%，稅額為 1,000 萬元。因此，總共要課徵遺產稅 2,250 萬元（500 萬元＋750 萬元＋1,000 萬元）。

假設張三與配偶婚後都有工作，而且兩人婚後財產相當。張三身故時遺產總額為 3,000 萬元，沒有負債，遺有配偶與一女一子（均滿 20 歲），沒有其他扶養親屬，請問繼承人應該繳納多少遺產稅？

首先，將遺產總額 3,000 萬元減去免稅額 1,200 萬元，再減去所有扣除額 716 萬元（喪葬費扣除額 123 萬元＋配偶扣除額 493 萬元＋直系血親卑親屬扣除額 100 萬元），即可算出課稅遺產淨額為 1,084 萬元。因為課稅遺產淨額在 5,000 萬元以下，所以直接將 1,084 萬元乘上適用稅率 10%，即可知道，張三的繼承人必須繳納 108 萬 4,000 元的遺產稅。

知識補給站　遺產稅常見 3 大問題

Q1：父親身故後，孩子領到父親的壽險死亡給付，也要算入遺產總額嗎？

A：假設父親生前投保一張壽險（要保人與被保人皆為父親本人），並且指定兒子為受益人。父親過世後，兒子可以領到壽險的死亡給付。原則上，如果死亡給付在 3,330 萬元以內，不需要課稅；超過 3,330 萬元的部分，則需要在申報個人綜合所得稅時，列入「基本所得額」。

不過，如果有生前密集投保、高齡投保等行為，可能會被國稅局認定為刻意隱匿財產，仍然有可能被課徵遺產稅。

Q2：何時需要申報遺產稅？可以分期繳款嗎？

A：被繼承人死亡 6 個月內，由納稅義務人向國稅局申報。如有正當理由不能如期申報，必須在規定限期屆滿前，以書面方式申請延長，延長期限以 3 個月為限。遺產稅應納稅額在 30 萬元以上，也是可以申請分期繳納，規定與贈與稅相同。

Q3：如果沒有按規定申報，要罰多少錢？

A：未依限申報，或者是已申報但漏報或短報，或者是故意逃漏稅等，其罰則也都與贈與稅的規定相同。

預立遺囑進行財產分配
減少過世後家人紛爭

我們經常可以從新聞看到，遺屬為了爭奪遺產對簿公堂，如果不希望自己過世後發生「人在天堂、錢在銀行、子女對簿公堂」的憾事，務必要在生前，做完人生最後一堂理財課——透過遺囑完成遺產分配。

首先，你必須知道，哪些人有權可以繼承你的遺產？假如沒有留下遺囑，那麼身故之後，就會依照《民法》的「應繼分」分配遺產。

「應繼分」就是應該繼承的部分，依照繼承人身分的優先順序而分配遺產繼承比率。最常見的狀況是，夫妻倆其中一人身故，配偶與孩子仍然在世，那麼配偶與孩子即能按照人數平均繼承遺產。例如：李先生身故後，所留下的遺產一共是現金 900 萬元，他的配偶與兩名孩子一共是 3 個人，每個人的「應繼分」為 1/3，因此，可以各自繼承 300 萬元的遺產。

表6-4	配偶與子女有「應繼分」，可均分遺產

遺產的「應繼分」與「特留分」差異

遺有親屬狀況		應繼分	特留分
狀況1	有配偶、直系血親卑親屬	總人數均分	直系血親卑親屬：應繼分的1/2
狀況2	有配偶、父母	配偶1/2，父母均分1/2	父母：應繼分的1/2
狀況3	有配偶、兄弟姊妹	配偶1/2，兄弟姊妹均分1/2	兄弟姊妹：應繼分的1/3
狀況4	有配偶、祖父母	配偶2/3，祖父母均分1/3	祖父母：應繼分的1/3

註：配偶的「特留分」皆為 1/2　　資料來源：《民法》

假如不想依照「應繼分」的規定分配遺產，而是想按照自己的意願安排，就必須在遺囑中寫明白。不過，除非發生「喪失其繼承權」的情事（註1），否則繼承人至少都能拿到遺產的「特留分」，也就是繼承人最基礎的權益（詳見表6-4）。

註1：《民法》第1,145條規定，有下列情事之一，則喪失繼承權：1.故意致被繼承人或應繼承人於死或雖未致死因而受刑之宣告者；2.以詐欺或脅迫使被繼承人為關於繼承之遺囑，或使其撤回或變更之者；3.以詐欺或脅迫妨害被繼承人為關於繼承之遺囑，或妨害其撤回或變更之者；4.偽造、變造、隱匿或湮滅被繼承人關於繼承之遺囑者；5.對於被繼承人有重大之虐待或侮辱情事，經被繼承人表示其不得繼承者。其中第2項至第4項若經被繼承人宥恕則仍可繼承。

「特留分」就是特別保留的部分，是為了保護繼承人的利益不受過分損害。例如：被繼承人立下遺囑，把 1,200 萬元的遺產，都捐給某個公益團體或某位特定個人，造成本來應該有權繼承的親屬，一毛錢都拿不到。此時繼承人可以提起訴訟，主張自己的「特留分」，以爭取在《民法》上的權益。

配偶一定能繼承財產，其他親屬依身分順序繼承

繼承人有兩種，分別為「當然繼承人」與「順位繼承人」。前者指的是配偶，假如被繼承人死亡時，配偶還健在，配偶就一定有繼承權；後者共有 4 種，依照順序為：直系血親卑親屬（無論男女，以親等近者為優先）→父母→兄弟姊妹→祖父母（不分內祖父母、外祖父母）。《民法》只保障這 4 種「順位繼承人」，其他親戚都無權繼承，除非另於遺囑約定。

如果「當然繼承人」與「順位繼承人」都健在，就一起繼承，但是比率不同（詳見表 6-5）。其中，不同順位的繼承人不得同時為繼承人，假如有順位高的繼承人，後面

表6-5 有子女時，配偶的「應繼分」為400萬

遺產1,200萬元之「應繼分」分配

	遺有親屬狀況	應繼分
狀況1	有配偶，1子、1女	配偶、子、女每人各400萬元
狀況2	有配偶，父、母	配偶600萬元，父300萬元、母300萬元
狀況3	有配偶，兄、弟、姊、妹各1人	配偶600萬元，兄弟姊妹各150萬元
狀況4	有配偶，內祖父母、外祖父母	配偶800萬元，內、外祖父母每人100萬元

資料來源：《民法》

所有順位就沒繼承權。例如：李先生身故，其父母、配偶與 3 個女兒都健在，會由配偶與第一順位的 3 個女兒，平均繼承李先生的遺產。李先生的父母（第二順位繼承人）就無權繼承遺產。

另外，如果王太太身故，沒有配偶，但是，兒子與孫子都還在世，該怎麼繼承呢？由於沒有配偶，因此遺產就會全部留給「順位繼承人」。雖然王太太的兒子與孫子都是直系血親卑親屬，但是，必須以親等近的為優先，因此王太太遺產會全數由兒子繼承。

遺囑是自己安排如何處置死後之遺產，立遺囑的人稱為遺囑人，遺囑自遺囑人死亡時發生效力。《民法》規定，遺囑共分為 5 種類型：自書遺囑、公證遺囑、密封遺囑、代筆遺囑、口授遺囑。除了自書遺囑可以獨自完成之外，其他 4 種都要找見證人或國家考試合格的公證人，其中最常見的方法是公證遺囑，但是要支付公證費（詳見表6-6）。

類型 1》自書遺囑

「自書遺囑」必須自行書寫遺囑全文，需要有撰寫遺囑當天的日期（年、月、日），並且親自簽名。如果遺囑上的文字有增加、刪減、塗改，必須註明變動的內容與字數，同時另行簽名。符合《民法》規定的自書遺囑，才有法律效力。以下列舉自書遺囑常見的無效原因，提醒讀者注意：

1. 沒有簽名。
2. 沒有簽年、月、日。
3. 沒有遺囑執行人。
4. 沒有全部自己書寫，例如都用電腦打字，只有最後親筆簽名。
5. 增減刪改，未註明字數與另行簽名。

表6-6 標的金額1000萬以下，公證費6000元

公證費摘要表

公證標的金額	費用
逾500萬元～1,000萬元	6,000元
逾1,000萬元～2,000萬元	8,000元
逾2,000萬元～3,000萬元	10,000元
逾3,000萬元～4,000萬元	12,000元
逾4,000萬元～5,000萬元	14,000元
逾5,000萬元～6,000萬元	15,000元
逾6,000萬元～7,000萬元	16,000元
逾7,000萬元～8,000萬元	17,000元

註：本表格只列舉部分金額　　資料來源：《公證法》

　　我特別要強調第 3 點，通常被繼承人死亡之後，就由繼承人召開「親屬會議」來公布遺囑，然後執行遺囑內容，因此，指定遺囑執行人就非常重要，假如沒有人執行，遺囑立了等於沒立。繼承人也可以是遺囑執行人，法規沒有限制。

　　遺囑可以隨時更新，也可以寫很多份，但是，會以最新日期的那一份為準，甚至可以用複寫紙複寫好幾份，分別放在不同的地方保存，不過，每一份都要親自簽名。

現代手機的錄影功能相當方便，可以將書寫遺囑的過程全程錄影，完成後將文件拿到鏡頭前面拍攝清楚以進行佐證。記得要將影片燒錄成光碟，最好同時存在隨身碟、隨身硬碟、Email 寄給自己等。利用多種方式儲存，以免其中一個存檔遺失或無法使用。

類型 2》公證遺囑

只要依照前述《民法》自書遺囑相關規定製作，都是有效的遺囑，不過，假如擔心繼承人之間會懷疑「自書遺囑」的真偽與效力，民眾可以找「國家考試合格的公證人」辦理公證遺囑，只要依據「公證標的金額（註 2）」支付數千元到數萬元的費用，就可以避免爭端。

「公證遺囑」需要指定 2 人以上的見證人，在公證人面前，口述遺囑意旨，由公證人筆記、宣讀、講解。經遺囑人認可後，記明年月日，由公證人、見證人與遺囑人同時到場簽名（如果遺囑人不能簽名，則由公證人記明事由，

註 2：「公證標的金額」指的是法律行為或涉及私權事實標的金額，以遺囑而言，會由公證人根據遺囑裡指示的財產價值而判定。

以按指印取代簽名）。

　　以上僅簡單介紹常見的自書遺囑與公證遺囑，如果讀者對「代筆遺囑」、「密封遺囑」與「口授遺囑」有興趣的話，可以另行查看《民法》相關條文。

　　事實上，遺產分配不只是年老之後才需要考慮的事項。成家立業、累積到一定資產後，或許就能考慮到遺產分配。寫好遺囑，每年定期檢視與更新，萬一真的發生不幸，至少也能讓家人少操一份心。

知識補給站 **書寫範例》自書遺囑**

立遺囑人○○○，民國○○年○○月○○日生，○○○人，身分證字號XXXXXXXXX，茲依民法之規定，自書遺囑內容如下：

一、不動產：（一）台北市○○區○○段○○地號土地，以及地上建物（門牌號碼○○○○）○樓住宅，所有持分由長女○○○（身分證字號XXXXXXXXX）單獨全部繼承。（二）新北市○○區○○段○○地號土地，面積○○平方公尺，所有持分由長子○○○（身分證字號XXXXXXXXX）單獨全部繼承。

二、動產：（一）本人經營之事業，○○公司之股份，由長女○○○與長子○○○均分。（二）本人之所有存款、債權、基金，與所有其他股票，由配偶○○○（身分證字號XXXXXXXXX）繼承。

三、本人指定配偶○○○為遺囑第一執行人。萬一第一執行人無法執行本遺囑，則由○○○為第二執行人。

立遺囑人：○○○　民國○○○年○○月○○日

余老師的小提醒

華人通常認為「談錢傷感情」，同時也對於身後之事多有忌諱，因此不太願意觸碰財產贈與及遺產問題。只是，愈不想面對，只會將愈多問題留給家人。趁活著的時候及早規畫，善用每年 220 萬元的免稅額分年贈與，可以達到節稅的效果。如果擔心子女不孝，不希望太早把太多錢分給他們，至少也要立好遺囑，或將遺產交付信託，確保遺產能按照生前的指示做好安排。

把時間投注在更重要的事

　　看完本書，各位讀者應該都已經具備基本的理財知識了，接下來就是捲起袖子，動手執行「應備存款」＋「純保險」＋「存指數」的效率理財法了！

　　效率理財法的模式建立後，幾乎不占用你任何時間。以我個人為例，每個月花在個人投資的時間，僅 3 分鐘～ 5 分鐘。例如：在台股執行指數化投資，只需要在每個月發薪水那天，把一部分金額轉帳到股票交割帳戶，接著用手機委託下單買進元大台灣 50（0050）的零股，並且確定是否成交。此一動作每個月執行一次，1 年合計頂多 60 分鐘而已，其餘的時間我都可以投注在更重要的事：本業、家人與興趣。

　　在《綠角的基金 8 堂課》一書當中，有段內容我非常地認同：「投資不該是生活的重心，頂多當個興趣。有人説大學有三學分：課業、愛情與社團，其實，出了社會，一

樣是這三樣東西：課業換成本業、愛情換成家人、社團換成興趣。」

這個觀念對我的影響深遠，我認為，最好的投資是投資自己的腦袋、健康與家人，例如：買書、繳學費上課，讓自己的工作能力提升、本業收入增加，每個月領薪水是最扎實的投資回報。每週拿出一些時間去運動，同時節制飲食，就能維持健康。錢賺得再多，也要有健康的身體去享受呀！

此外，把時間花在陪伴家人與從事自己的興趣，能讓心理更富足，像是與家人看電影、旅遊、閱讀、聽音樂，對我來說都是很棒的精神食糧。

如果你在執行理財計畫時，有任何關於書本內容的問題，都歡迎到我的部落格或臉書粉絲專頁私訊或留言，我很樂意成為你在理財路上的旅伴。

天下父母心，家長大多會希望孩子將來的生活過得好，那麼，應該留給子女什麼，對他們比較有幫助呢？俗話説：

「給他魚吃，不如教他釣魚。」與其留下一大筆財產（遺產），不如留下正確的價值觀，更可以跟著他一輩子。例如本書推廣的理財觀念，就可以是孩子享用不盡的財富！又例如濟弱扶傾、雪中送炭的精神：幫助弱小的孤兒、單親家庭、流浪貓狗。

23 歲服兵役領到第一筆年終獎金時，我就開始了人生第一次捐贈：小額捐款給幫助孤兒或弱勢學童的機構，此後每年不曾間斷。我想要捐款的理由是，這些孩童無法選擇出生的環境，也不像成年人可以工作養活自己，因此，在他們有謀生能力前，我量力而為幫一點忙，雖然捐的都只是小錢。

多年前，我看到新聞介紹陳樹菊女士的善行義舉，讓我非常敬佩，她把在市場辛苦賣菜的積蓄，捐贈給學校蓋圖書館、成立獎學金，還委託醫院成立基金會，幫助偏鄉醫療。她的收入並不算多，但是卻能累積數千萬元的捐款，實在非常偉大！

結婚後，受到愛護動物的太太影響，我把資助對象擴及

到一些拯救流浪貓狗的團體。這些生命都不是自願流浪街頭的，牠們的源頭不外乎是飼主或繁殖場的惡意遺棄，而且不結紮，任其繁殖、自生自滅。

有些友善動物的人士，會幫忙這些無辜的生命找到國外的家，例如：「台灣瑪莉愛狗協會」的 Mary 小姐；有些人會專門拯救被車撞傷在路邊的無助流浪貓狗，例如：台南「徐園長護生園」的徐文良先生。以上幾位都是我學習的榜樣。雖然目前我無法像他們一樣付諸行動，但是，透過不定期的小額捐款或購買義賣產品，讓我可以資助他們，略盡棉薄之力。將財富留給其他生命，我覺得更有意義。

附錄

附錄 1　巴菲特推薦指數化投資言論摘錄

　　股神巴菲特（Warren Buffett）以價值投資聞名於股票市場，但是，他也是指數化投資的推崇者。依據筆者所收集的資料，巴菲特從 1993 年到 2019 年的 27 年間，曾經公開推薦指數化投資達 15 次！以下僅摘錄其中的 10 次：

第 1 次：1993 年巴菲特「致股東信」

　　「如果投資人願意長期投資，應該進行廣泛的分散投資，持有大量不同行業的公司股份。例如：利用定期定額的方式投資指數型基金，一個什麼都不懂的業餘投資人，往往能戰勝大部分的專業投資人。」

第 2 次：1996 年巴菲特「致股東信」

　　「大部分投資人早晚會發現：投資股票最好的方法，是購買管理費很低的指數型基金。指數型基金在扣除管理費和其他費用後，所獲得的淨投資收益率，肯定能超過絕大多數的投資專家。」

第 3 次：2003 年巴菲特「致股東信」

「我認為對於大多數想要投資股票的人來説，成本很低的指數型基金是最理想的選擇。」

第 4 次：2004 年巴菲特「致股東信」

「過去 35 年來，美國企業創造出非常亮麗的成績，只要以分散且低成本的方式投資所有企業，利用指數型基金就可以輕鬆分享美國企業所創造的優異業績。然而，絕大多數投資人很少投資指數型基金，他們的投資成績大多只是平平，甚至慘不忍睹。」

第 5 次：2008 年 5 月波克夏股東會

股東提問：「如果你只有 30 多歲，沒其他經濟來源，只靠一份全職工作謀生，無法每天進行投資。假設已經有一些儲蓄足夠一年半的生活開支，那麼你的第一個 100 萬美元會如何投資？請告訴我們具體的資產種類和配置比率。」

巴菲特答：「我會把所有的錢都投資到一個低成本、追蹤標準普爾 500 指數（S&P 500）的指數型基金，然後繼續努力工作。」

　　蒙格（波克夏的副董事長，同時也是巴菲特的合夥人）補充道：「那些『投資專家』從這個金融體制中，獲得相當於賭場莊家的暴利，他們根本不會給你買進指數型基金的建議，因為這樣他們根本賺不到錢！」

第 6 次：2015 年 3 月接受 CNBC 訪問

　　身價超過上億美元的 NBA 球星詹姆士（Lebron James）請教投資祕訣，巴菲特說：「每個月固定投資在低成本的美股指數型基金，這等於是買入一小部分的美國，持續 30 年或 40 年，收入將會每年增加，而且沒有什麼需要擔心的。」

第 7 次：2016 年 5 月波克夏股東會

　　「其實只要購買 1 檔追蹤標準普爾 500 指數的指數型基金、然後擺上 50 年，就可以致富，不過，如此一來，投資顧問就不會獲聘、也無法每年向投資人收取管理費。」

第 8 次：2017 年 5 月接受 CNBC 訪問

　　巴菲特被問到「如何存退休金？」他回答：「長期而言，美國企業都表現不俗，投資前景可期。訣竅不是挑對的公

司，而是透過標準普爾 500 指數的指數型基金，買進所有
大公司，並且持續以『低成本』購入，這是打造退休計畫
的最合理辦法。」

第 9 次：2017 年巴菲特「致股東信」

針對巴菲特與避險基金的 10 年之約，巴菲特提到：「在
過去 10 年間，避險基金組合中，超過 200 位基金經理人，
肯定執行超過上萬次的『買進／賣出』，每一次的進出場
決定，每位經理人肯定都『很努力』，然而，數字會說話，
『買進並持有』整體指數，打敗了這些基金經理人。」

第 10 次：2018 年 5 月波克夏股東會

巴菲特分享自己 1942 年的第一次買股票的經驗，並且
提及投資指數的可能成果：「如果回到 1942 年，你擁有
1 萬美元，投資到美國股市的大盤裡，之後再也不碰它，
並且一直持有到現在，你的帳戶裡會有多少錢呢？這段期
間你什麼都不需要做，不用每天看股市漲跌、不用做分析，
就能靜靜地看著這 1 萬美元變成 5,100 萬美元。」

美股與台股開戶比較

　　如果想要根據本書的建議進行「存指數」，並且打算申購先鋒集團所發行的「先鋒全球股票 ETF（VT.US）」，只能透過兩種方式：一是自行開立美股券商帳戶、二是透過台灣券商進行「複委託」，它們的差別與特色如下：

方式 1》自行開立美股券商帳戶

　　以我自己所用的美國券商——Firstrade（第一證券）為例，它可以用「全中文介面」開戶，而且有 24 小時中文免費電話客服與 24 小時中文線上即時通客服。開戶 5 年來，我遇到的問題都能通過客服解決。

　　Firstrade 最大的特色就是免費的「配息自動再投資」，只要加入該計畫，券商就會在配息入帳時，自動將配息轉入買股（可以自行勾選想要的個股或自己的全部庫存股票），非常適合想要複利滾存的投資人。我在 2014 年開戶時，每筆交易的佣金為 6.95 美元，已經比所有台灣券

商的「複委託」佣金還要便宜；後來佣金逐漸調降為 4.95 美元、2.95 美元，直到 2018 年 8 月，更首創業界降到零佣金！對於投資人而言非常友善。

　由於美股是在下單當日就要交割股款，因此開戶完成後，必須先轉入一筆美元到 Firstrade 所指定海外的美股交割銀行帳戶，確定帳戶內有足夠的美元，才能完成下單交易。

　而匯美元到海外時，就需要支付匯款手續費。例如：中國信託銀行的外幣匯費，單筆新台幣 100 萬元以內匯費是 600 元、元大銀行則是依照交易金額，索取萬分之 5 的匯費，最低 200 元、最高 800 元。每家銀行的跨國匯費不盡相同，也隨時可能更新，讀者進行外幣匯款前，請事先詢問清楚。

　我建議，投資人可以把 Firstrade 的美股交割銀行帳號，設定為「網路銀行外幣約定轉帳」帳號，如此一來，外幣匯款時就不必臨櫃辦理，省時又方便（各家銀行可能有單筆金額的上限，因為我匯款金額沒有單筆逾新台幣 50 萬元，所以網銀外幣匯款都沒問題）。

美國的金融監管與各項法治，在執法層面普遍都比台灣嚴格，提供的工具也比台灣先進，用美國券商參與全球股市的指數化投資，我感到非常放心。

方式 2》透過台灣券商進行「複委託」

如果不想跟美國券商打交道，投資人也可以向台灣的證券公司（簡稱券商）申請「複委託」，也就是委託你的台灣券商向海外的券商下單，進行美股交易。

「複委託」的缺點是手續費的門檻比較高，每筆約為成交金額的 0.5%，最低收 37.9 美元（不同券商針對電子下單可能有不同程度的折扣），而且沒有「配息自動再投資」機制，對於想要定期定額交易的投資人而言，有較大的手續費負擔。

如果你認為交易美股太過麻煩，又想採取被動式投資，就只能直接透過台灣券商交易台灣掛牌的 ETF（指數股票型基金），手續費也不貴，只是能夠選擇的標的比較少，投資人可以自行評估。

附錄表 Firstrade有提供「配息自動再投資」服務

美股與台股投資方式比較表

項目	美股交易		台股交易
	Firstrade	複委託	台灣券商
交易 單位	1股	1股	整股交易：1,000股 零股交易：小於999股
網路下單 佣金	0美元	成交金額的0.5%，最少為37.9美元（各券商針對電子下單有不同的折扣）	成交金額的0.1425%，最低收取新台幣20元（各券商針對電子下單有不同的折扣，約2.8折～6.5折不等）
配息自動 再投資之 機制	有，免費	無	
客戶 服務	24小時中文免費電話客服、24小時中文線上即時通客服、E-mail客服	電話客服與E-mail客服	
開戶方式	可透過電腦或手機線上開戶	本人至營業場所，多家券商也提供線上開戶的服務	
開戶必備 資料	1.有效護照 2.地址與職業的英文翻譯	1.雙證件（身分證與健保卡） 2.印章（有些金融機構接受只留簽名不必印章）	

註：美國券商開戶，英文地址可以用「中華郵政全球資訊網」查詢，職業可自己查字典填寫
資料來源：Firstrade、各大券商

值得延伸閱讀的 9 本好書

在累積理財知識的道路上，透過大量的閱讀與吸收，形塑了我目前所倡導的「效率理財法」。在閱讀完本書之後，如果讀者想要更了解「指數化投資」，或想加深「純保險」的知識，以下 9 本好書，肯定能對你有所助益：

指數化投資相關書籍

《堅持不懈》約翰・柏格 (著)／劉道捷 (譯)·················· 商周出版

《指數革命》查爾斯・艾利斯 (著)／劉奕吟 (譯)·············· 樂金文化

《綠角的基金8堂課》綠角 (著)······························ 經濟日報

《不看盤，我才賺到大錢》比爾・蘇西斯 (著)／劉真如 (譯)······ 大是文化

《我用死薪水輕鬆理財賺千萬》安德魯・哈藍 (著)／丁惠民 (譯)· 大是文化

《智慧型資產配置》威廉・伯恩斯坦 (著)／駱武昌 (譯)·········· 寰宇

《柏格頭投資指南》Taylor Larimore、Mel Lindauer、
Michael LeBoeuf (著)／劉道捷 (譯)·········· 寰宇

註：《堅持不懈》一書為柏格的最後著作

純保險相關書籍

《**平民保險王**》劉鳳和 (著) ·· 文經社

《**錢難賺：保險別亂買**》朱國鳳、邱正弘 (著) ······················ 時報出版

《**柏格頭投資指南**》Taylor Larimore、Mel Lindauer、
　　　　　　　Michael LeBoeuf (著)／劉道捷 (譯) ············· 寰宇

註：《柏格頭投資指南》一書有部分章節討論到保險

國家圖書館出版品預行編目資料

高效率理財術 教你存滿1000萬 / 余家榮著. -- 一版.
-- 臺北市：Smart智富文化, 城邦文化, 2019.08
　面； 公分
ISBN 978-986-97681-7-7(平裝)

1.個人理財 2.投資

563.5　　　　　　　　　　　　　108012656

Smart 智富
高效率理財術　教你存滿1000萬

作者	余家榮
企畫	黃嫈琪
商周集團	
榮譽發行人	金惟純
執行長	王文靜
總經理	朱紀中
Smart 智富	
社長	林正峰（兼總編輯）
資深主編	楊巧鈴
編輯	李曉怡、林易柔、邱慧真、胡定豪、施茵曼
	連宜玫、劉鈺雯、簡羽婕
資深主任設計	張麗珍
版面構成	林美玲、廖洲文、廖彥嘉
出版	Smart 智富
地址	104 台北市中山區民生東路二段 141 號 4 樓
網站	smart.businessweekly.com.tw
客戶服務專線	（02）2510-8888
客戶服務傳真	（02）2503-5868
發行	英屬蓋曼群島商家庭傳媒股份有限公司城邦分公司
製版印刷	科樂印刷事業股份有限公司
初版一刷	2019 年 8 月
初版三刷	2019 年 12 月
ISBN	978-986-97681-7-7

 **讀者服務卡**

為了提供您更優質的服務，《Smart 智富》會不定期提供您最新的出版訊息、優惠通知及活動消息。
請您提起筆來，馬上填寫本回函！填寫完畢後，免貼郵票，請直接寄回本公司或傳真回覆。Smart 傳真專線：（02）2500-1956

1. 您若同意 Smart 智富透過電子郵件，提供最新的活動訊息與出版品介紹，請留下
   電子郵件信箱：_____

2. 您購買本書的地點為：□超商，例：7-11、全家
   　　　　　　　　　　　□連鎖書店，例：金石堂、誠品
   　　　　　　　　　　　□網路書店，例：博客來、金石堂網路書店
   　　　　　　　　　　　□量販店，例：家樂福、大潤發、愛買
   　　　　　　　　　　　□一般書店

3. 您最常閱讀 Smart 智富哪一種出版品？
   □ Smart 智富月刊（每月 1 日出刊）　　□ Smart 叢書　　□ Smart DVD

4. 您有參加過 Smart 智富的實體活動課程嗎？　□有參加　　□沒興趣　　□考慮中
   或對課程活動有任何建議或需要改進事宜：_____

5. 您希望加強對何種投資理財工具做更深入的了解？
   □現股交易　　□當沖　　□期貨　　□權證　　□選擇權　　□房地產
   □海外基金　　□國內基金　　□其他：_____

6. 對本書內容、編排或其他產品、活動，有需要改善的事項，歡迎告訴我們，如希望 Smart
   提供其他新的服務，也請讓我們知道：_____
   _____

您的基本資料：（請詳細填寫下列基本資料，本刊對個人資料均予保密，謝謝）

姓名：	性別：□男 □女
出生年份：	聯絡電話：
通訊地址：	

從事產業：□軍人　□公教　□農業　□傳產業　□科技業　□服務業　□自營商　□家管

您也可以掃描右方 QR
Code、回傳電子表單，
提供您寶貴的意見。

想知道 Smart 智富各項課
程最新消息，快加入 Smart
自學網 Line@。

104 台北市民生東路 2 段 141 號 4 樓

廣 告 回 函
台灣北區郵政管理局登記證
台北廣字第 000791 號
免 貼 郵 票

行銷部 收

●請沿著虛線對摺，謝謝。

書號：WBSI0086A1
書名：**高效率理財術 教你存滿1000萬**